CONTRIBUTION

A L'ÉTUDE DE LA DIPHTHÉRIE

(Recherches expérimentales et observations cliniques)

PAR

M. le Dr G. HOMOLLE

Ancien interne des Hôpitaux de Paris

(Mémoire couronné par la Société de médecine du Nord).

LILLE

IMPRIMERIE DE LEFEBVRE-DUCROCQ

Rue Esquermoise, 57.

1875

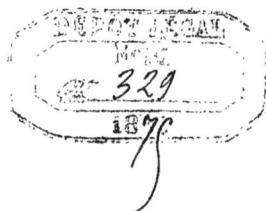

CONTRIBUTION

A L'ÉTUDE DE LA DIPHTHÉRIE

(Recherches expérimentales et observations cliniques)

PAR

le Dʳ G. HOMOLLE

Ancien interne des Hôpitaux de Paris

(Mémoire couronné par la Société de médecine du Nord).

LILLE

IMPRIMERIE DE LEFEBVRE-DUCROCQ

Rue Esquermoise, 57.

1875

CONTRIBUTION

A L'ÉTUDE DE LA DIPHTHÉRIE

(Recherches expérimentales et observations cliniques)

PAR

M. le Dr G. HOMOLLE

Ancien interne des Hôpitaux de Paris

━━━━◆━━━━

Une des épidémies de diphthérie les plus meurtrières qui aient été observées à l'hôpital des Enfants-Malades à Paris, m'a fourni, dans le cours de l'année 1873, d'amples matériaux d'étude.

Ainsi qu'il arrive toutes les fois qu'on s'applique aux questions même les plus approfondies en apparence, je n'ai pas tardé à saisir quelques divergences entre les faits qui s'offraient à mon observation et certaines opinions généralement acceptées.

Dans le tableau si parfait que nos maîtres ont tracé de la diphthérie, tous les grands traits représentent fidèlement la nature, mais beaucoup de détails ajoutés successivement laissent prise à la critique. Certains points sont restés dans l'ombre, d'autres ont au contraire été trop mis en lumière et ont pris une importance exagérée. On s'est hâté d'étendre à la généralité des cas les résultats d'une observation trop restreinte, et, sur des données insuffisantes, se sont prématurément produites des interprétations théoriques sans fondement solide qui ne sauraient rendre compte de faits encore mal expliqués.

C'est l'examen critique de quelques-unes de ces questions en litige que je me propose de faire ici ; et, sans apporter toujours de solution nouvelle aux problèmes, je veux montrer du moins qu'ils ont été traités d'une manière incomplète ou fautive et présenter les faits qui me semblent pouvoir servir à les mieux discuter.

Au début d'un travail de critique où l'on se propose d'examiner les théories des autres, il serait téméraire de proposer une définition nouvelle. En définissant avec Trousseau, d'une manière un peu vague, la diphthérie « une maladie spécifique par excellence, contagieuse de sa nature, dont les manifestations se font du côté des membranes muqueuses et de la peau, présentant là comme ici les mêmes caractères », j'affirme du moins qu'elle ne saurait jamais être considérée comme une lésion purement locale, mais qu'elle constitue une maladie générale. De même que toutes les maladies d'infection ou les empoisonnements spécifiques, elle est susceptible de revêtir une intensité très variable, et les accidents locaux se laissent parfois seuls percevoir, tandis que l'altération générale de l'organisme prédomine assez dans d'autres cas pour mettre à l'arrière-plan l'affection des muqueuses.

Je n'aurais pas répété cette vérité universellement reconnue en France si la nature même de la diphthérie n'avait été l'objet de grandes discussions dans d'autres pays.

Il a été publié en Allemagne pendant ces dernières années une série de travaux importants sur la diphthérie. Ils n'ont pas eu en France le même retentissement qu'au delà du Rhin, et leurs conclusions sont ici, à bon droit, pensons-nous, contestées par ceux qui les ont étudiés. Il n'est pas sans intérêt de discuter à nouveau certains faits et certaines opinions qui n'ont pas été jusqu'ici contrôlés d'une façon rigoureuse.

Dans les travaux auxquels je fais allusion, l'anatomie pathologique a la plus grande part et fournit les données fondamentales pour des conceptions nosologiques très originales.

C'est en effet au nom de l'anatomie pathologique que, sépa-
rant plus complètement qu'on ne l'avait fait encore le croup et
la diphthérie, certains auteurs ont détourné ces mots de leur
signification première et fait naître ainsi une déplorable
confusion.

C'est aussi l'analyse histologique qui, s'efforçant de sur-
prendre dans les fausses membranes l'élément jusque-là mysté-
rieux du mal et le principe de sa spécificité, y pensa découvrir
un parasite qui, transporté par l'air d'un malade à l'autre,
sèmerait la contagion et provoquerait d'abord une lésion circonscrite, puis une infection de tout l'organisme, où pullulent
bientôt les spores malfaisantes.

Je vais d'abord étudier les rapports du croup et de la diphthérie, rejetant à la fin de ce travail la critique de la théorie
parasitaire ou zymotique.

Pour la plupart des anatomo-pathologistes allemands, les
mots diphthérite et croup ont cessé de représenter deux maladies, l'une générale, l'autre locale, liées l'une à l'autre par une
identité de nature, pour s'appliquer à deux lésions, profonde ou
superficielle, des muqueuses, à deux états anatomiques sans
relation déterminée avec une cause infectieuse ou générale
constante.

Envisagée même à ce point de vue purement histologique, la
diphthérite n'a pas reçu de tous les auteurs la même caractéristique. *Virchow* admet comme élément essentiel la nécrose des
couches superficielles de la muqueuse ou de la peau. (C'est à
ce titre qu'on a appelé variole diphthéritique cette forme décrite
par *Bœrensprung* [1], puis étudiée par *Rindfleisch* [2] et *Neumann* [3]
dans laquelle la couche superficielle du derme s'anémie et se
mortifie.)

1 *Bœrensprung.* Hautkrankheiten, 1859.
2 *Rindfleisch.* Histologie pathologique. Trad. Gross., p. 306.
3 *Neumann.* Lehrbuch der Hautkrankheiten. 3e éd. 1873.

Suivant *Buhl* [1] (et cette définition est plus généralement admise), ce qui caractérise la diphthérite, c'est uniquement l'infiltration de la muqueuse par de nombreuses cellules néoplastiques [2]. Cette infiltration établit une relation anatomique entre la diphthérite et les autres maladies infectieuses [3].

L'exsudat croupal, suivant *Buhl*, est bien différent de l'exsudat diphthéritique, puisqu'il constitue une altération toute superficielle intéressant presque exclusivement l'épithélium.

Si cependant, comme le fait observer *Rindfleisch*, on remarque que « dans l'inflammation croupale ainsi que dans tout catarrhe, « il existe un certain degré d'infiltration cellulaire du tissu « conjonctif sous-épithélial », on serait porté à considérer le croup et la diphthérite comme des degrés différents d'une même lésion. Cette opinion est défendue par un grand nombre d'auteurs.

Il en est aussi qui, assimilant complètement croup et diphthérite, ne virent dans l'un et l'autre qu'« un même processus « qui revêt des formes anatomiques distinctes d'après l'organe « où il se localise [4] ».

Il est enfin une dernière manière d'envisager les rapports des deux termes en question; elle a été soutenue par des cliniciens éminents et se trouve nettement formulée dans les lignes suivantes de *West* [5] : « Il y a en réalité deux maladies qui ont été « souvent réunies sous le nom commun de croup, bien que les

---

1 *Buhl*. Zeitschr. f. Biologie, 1869, p. 341 et suiv.

2 *Rindfleisch* (loc. cit., p. 365) ajoute : « Cette infiltration est tellement considérable que les vaisseaux sont comprimés et que la circulation et la nutrition se trouvent anéanties ».

3 *Colberg* (Deutsch, Arch. I Bd, 471) a même insisté sur l'analogie histologique qui existe entre les lésions tuberculeuses et la diphthérie. — Voyez aussi *Buhl*. Henle und Pfeuf. (neue folge VIII).

4 *Warimann*. Virch, Arch., 1871, LI.
Cf. *Hagner*. Arch. d. Heilkunde 1866 et 67. — Anal. in Gaz. méd. 1869 : « Il n'y a pas de limite définie contre le croup et la diphthérie ».

5 *West*. Lectures on the diseases of infancy and childhood. Lond. 1855, p. 373, — et Lond. 1873.

« différences qui les séparent soient au moins aussi nombreuses
« et d'aussi grande importance que les points par lesquels
« elles se ressemblent. De ces deux maladies, l'une est presque
« toujours idiopathique, l'autre souvent secondaire ; l'une at-
« taque les sujets en pleine santé, est sthénique dans sa forme,
« aiguë dans sa marche et en général se montre justiciable
« d'un traitement antiphlogistique ; l'autre frappe de préfé-
« rence ceux qui sont en mauvaise santé ou entourés de condi-
« tions hygiéniques défavorables ; elle est remarquable par le
« caractère asthénique des symptômes auxquels elle donne lieu.
« L'une ne peut se disséminer par contagion et constitue rare-
« ment une épidémie... l'autre se propage par la contagion...
« Angine trachéale, angine laryngée sont les noms de la pre-
« mière ; Home, Cheyne, Albers en sont les historiens. Angine
« maligne, *garrotillo*, *morbus-strangulatorius*, diphthéritite ou
« diphthérie, les synonymes de la seconde : Severinus, Bard,
« Starr, Rumsey, Bretonneau, Trousseau, Jenner sont les écri-
« vains qui l'ont décrite avec le plus grand soin. »

Bien qu'une distinction aussi profonde ne soit guère admise
en France où le nom de croup entraîne aux yeux de tous, ou
peu s'en faut, l'idée de diphthérie, elle nous paraît beaucoup
plus fondée que les opinions qu'ont cherché à faire prévaloir
quelques auteurs allemands.

Il existe incontestablement des laryngites graves qui « à part
« l'absence de fausses membranes ne se séparent du croup par
« aucun signe distinctif [1] ».

J'ai observé plusieurs de ces cas d'un diagnostic parfois fort
délicat ; suivant moi, et je ne fais que suivre en cela l'opinion
des maîtres les plus autorisés, le nom de croup doit être refusé
à ces faits, qu'on pourrait décrire sous le nom de faux croup
grave. Ce n'est, à vrai dire, qu'une question de définition,
mais il y a tout avantage à réserver le nom de croup à la laryn-

1 *Vauthier*. Du faux croup, th. Paris, 1848.

gite pseudo-membraneuse, c'est-à-dire à la laryngite diphthéritique, car rien jusqu'ici n'autorise à en admettre d'autres
(lar. ulcéro-membraneuse, herpétique...).

Le pronostic et les indications du traitement reposent dès
lors, d'une part, sur la présence de fausses membranes, et
d'autre part, sur l'existence d'un état général infectieux de
l'économie (état qui varie avec les conditions d'épidémie, de
santé antérieure du sujet ; la diphthérie variant beaucoup dans
ses allures, suivant qu'elle est primitive ou secondaire, scarlatineuse, rubéolique, cachectique).

Il ne suffit pas d'admettre que l'*affection croup* peut devenir
le foyer infectieux d'où le poison se répand dans l'économie ;
il faut reconnaître que la *maladie diphthérie* préexiste et se
manifeste d'emblée, dans les cas graves surtout, par un caractère de malignité, c'est-à-dire qu'il y a dans le principe discor-
dance entre une lésion encore minime et un ensemble de symptômes généraux des plus graves (la fièvre peut exister durant
quelques heures sans détermination morbide encore appréciable :
H. Roger et Peter, Dict. encycl., V. 29).

L'une des meilleures preuves qu'on puisse donner pour affirmer que la diphthérie est une maladie générale, c'est l'existence
de lésions viscérales multiples qui sont loin d'être dans une
relation constante avec la durée du mal et l'intensité des manifestations locales et qui témoignent de la nature infectieuse de
la maladie [1].

Comme certaines altérations anatomiques éloignées de la
diphthérie nous semblent avoir été mal interprétées, comme on
a certainement exagéré beaucoup l'importance de quelques-unes
d'entre-elles, nous nous arrêterons sur leur étude et compare-
rons les résultats de nos recherches avec les opinions consignées dans quelques travaux récents.

Un état pathologique qu'on observe fréquemment dans les

---

1 « The evidence of its affinity to the class of blood diseases rather
than to that of simple inflammation. (West. loc. cit.)

différents organes, comme dans beaucoup de maladies infectieuses, c'est l'altération granulo-graisseuse des cellules des
parenchymes, des fibres musculaires.

Parmi les organes qui peuvent subir la stéatose, celui qui
doit nous occuper tout d'abord, c'est le *cœur*.

Nous aimons d'autant plus fournir ici nos observations per-
sonnelles sur les lésions cardiaques de la diphthérie qu'elles
sont à quelques égards en désaccord avec des travaux importants récemment publiés [1], et qu'il n'est pas sans intérêt de
rechercher de quel côté peuvent se rencontrer des causes
d'erreur.

(Depuis que ce travail a été écrit, M. Parrot [2] a publié un fort
intéressant mémoire qui a trait au sujet qui nous occupe.)

Les fibres musculaires du cœur, saines dans un certain
nombre de cas, renferment fréquemment des granulations graisseuses réfringentes, nombreuses, solubles dans l'ac. acétique [3].
Le plus souvent l'altération est partielle, parfois elle est presque
générale ; on ne rencontre plus de fibres indemnes. Le myocarde devient alors friable, d'une coloration jaune feuille-
morte.

Sur 14 cas où j'ai examiné l'état des fibres cardiaques, je les
ai trouvées 6 fois dans un état de dégénération granulo-graisseuse plus ou moins avancée.

On ne peut attribuer la stéatose, comme le veut Liebermeister
pour la fièvre typhoïde, à une élévation excessive de la température, qui fait défaut dans nombre de cas d'angine diphthéritique ou de croup ; elle est au contraire en tout comparable à
la stéatose qui accompagne certains empoisonnements.

Cet état du cœur me semble avoir une valeur considérable
dans l'interprétation des phénomènes de collapsus qui, si sou-

---

1 *M. Bouchut*, Gaz. hôp 1872-73-74. — Labadie Lagrave th. 1873.

2 Mémoires sur les hémato-nodules cardiaques. Arch. phys. 1874.

3 *Voy.* Bristowe. Greenher, Hiller... cités dans la th. de M. Beverley
Robinson, th. Paris, 1872.

vent, se produisent aux dernières périodes de la diphthérie. Peut-être a-t-il une part dans la production de ces accidents graves de la paralysie diphthéritique que M. Duchenne a décrits sous le nom de paralysie bulbaire. M. Lépine [1], à propos d'un cas de paralysie observé par Mosler, signale l'importance de l'état graisseux du cœur qui rendrait compte, suivant lui, de certains accidents graves mal expliqués.

Le fait suivant est de ceux qui pourraient être rapportés à cette étiologie ; malheureusement l'autopsie ne put être faite :

OBSERVATION I.

Paralysie diphthéritique. — Asphyxie rapidement mortelle.

Le 10 janvier 1873, un enfant de trois ans (Fleur... Edm...), atteint de paralysie diphthéritique, est amené à l'hôpital des Enfants et couché au n° 1 de la salle Saint-Louis (service de M. le Dr Roger).

Il avait eu deux mois auparavant une angine couenneuse qui n'avait duré que quinze jours.

Un mois après la convalescence, les parents s'étaient aperçu que l'enfant avait peine à se tenir debout ; il semblait plus faible, plus mou, disait la mère.

Le 8 janvier, la déglutition s'embarrasse et la voix s'altère. A voir le petit malade au lit, dans le décubitus, la paralysie est peu manifeste ; l'enfant soutient ses jambes au-dessus du plan du lit et les remue sans difficulté ; mais il a grand peine à se mettre sur le séant et reste mal assis sur le lit ; le corps et la tête retombent bientôt lourdement sur l'oreiller.

La voix est nasonnée ; la déglutition se fait assez bien. La sœur du service a remarqué par moments un peu de strabisme, mais les pupilles sont bien mobiles et l'on ne constate aucune déviation oculaire au moment de la visite. Le fond de l'œil est normal.

Pendant la nuit du 11 au 12, la paralysie du voile du palais devient complète, toutes les boissons refluent par les narines.

1 Gaz. méd. mars 1873.

Le 12 au matin, il est pris assez brusquement d'une gêne respiratoire qui devient bientôt de l'asphyxie.

En même temps se produit un état demi-syncopal, et une pâleur extrême se mêle à la lividité des lèvres et des pommettes, toute la face se couvre de sueur.

La respiration est accélérée, irrégulière, par moments profonde et·suspirieuse ; mêlée parfois de râles trachéaux qui s'entendent à distance.

L'enfant est profondément accablé, sans réaction ; au lieu de l'agitation qui accompagne l'asphyxie franche, il y a un véritable état de collapsus.

En peu d'instants, l'enfant succombe.

Il me semble qu'on a trop méconnu la valeur de l'altération graisseuse du cœur, et au contraire accordé une importance exagérée à la présence de caillots volumineux dans les cavités du cœur. Peut-être la thrombose, dans les cas très rares où elle ne constitue pas un simple phémonène cadavérique, doit-elle son origine à la parésie cardiaque consécutive à l'altération granulograisseuse du myocarde.

Toutefois la coïncidence n'est pas constante entre la présence de coagulations denses, fibroïdes intriquées dans les tendons valvulaires et l'état graisseux du cœur.

Il n'existe pas non plus de corrélation absolue entre les lésions cardiaques que je viens d'indiquer et certains symptômes bien déterminés, de sorte que le diagnostic est fort difficile. Quelquefois, à la vérité, les phénomènes de collapsus, le ralentissement et la petitesse du pouls, l'abaissement de la température périphérique et centrale, l'augmentation de la matité cardiaque, permettent de diagnostiquer la parésie avec dilatation des cavités et état graisseux des parois, et l'autopsie démontre l'exactitude de la diagnose ; mais dans d'autres cas, les mêmes phénomènes pathologiques se produisent sans qu'on trouve après la mort les lésions supposées.

Voici cinq observations qui démontrent combien il serait téméraire d'affirmer une liaison constante entre les accidents ue collapsus et les altérations du cœur (thrombose ou état graisseux.)

Dans le fait suivant, les accidents ultimes s'expliquent assez bien par l'état du cœur.

OBSERVATION II.

*Angine couenneuse. — Parésie cardiaque. — Altération grais-
seuse des fibres du cœur. — Thrombose douteuse.*

Loy..., 5 ans, couchée au n° 22 Sainte-Geneviève, est amenée le 25 avril 1873.

C'est une belle enfant, bien constituée, qui, depuis 8 jours, est atteinte d'angine couenneuse.

La fièvre est modérée (96 Puls. — T. 38 1); la respiration est normale ; les bruits du cœur sont réguliers et normaux.

Les amygdales rouges et tuméfiées sont couvertes de larges plaques couenneuses.

La voix est normale, l'air pénètre librement dans la poitrine.

28 avril, soir. — Les choses sont restées à peu près dans le même état. Je suis frappé de la lenteur et de la petitesse du pouls (64 P.). Les battements du cœur sont cependant assez forts, réguliers.

29. — L'enfant est accablée, à peu près indifférente à ce qui l'entoure, elle n'a presque rien mangé. Le teint est un peu livide.

Le pouls est très petit et lent (56-64 P.). Le cœur est gros ; la matité, qui commence à la partie inférieure de la 2e côte, s'étend en bas et en dehors jusqu'à la partie inférieure de la 5e, un centimètre en dehors de la ligne du mamelon.

Temp. axill. 37°4.

29, soir. — L'abattement a fait des progrès ; l'enfant a refusé tout aliment ; elle est fort accablée ; la face est blême, les lèvres sont livides, les yeux sans regard.

La respiration est normale, sans tirage, sans râles ni souffle. Le pouls ne peut être senti à la radiale ; les battements du cœur sont très lents sans bruits anormaux, assez réguliers et bien frappés.

Temp. axill. 36°3. 48 Puls.

30. — *Mort* à 5 heures du matin.

Autopsie. — Outre les lésions diphthéritiques du pharynx, l'autopsie révèle des altérations multiples :

Le *cœur* est gros, distendu par du sang noir demi-fluide, poisseux et ressemblant à du raisiné.

Dans l'oreillette droite seulement est un caillot dense fibroïde, élastique, décoloré ; quelques filaments fibrineux sont intriqués dans les cordons valvulaires.

La plupart des fibres musculaires, mais non toutes, ont subi une dégénérescence graisseuse complète.

Les valvules sont saines.

Le lobe inférieur des deux *poumons* est splénisé, œdémaux.

Au centre du lobe supérieur droit est un petit noyau rouge oncé, d'apparence ecchymotique.

Œdème modéré de l'encéphale.

Foie. — Altération graisseuse des cellules de la périphérie des lobules.

Muscle thyro-aryténoïdien. — Quelques rares fibres granulo-graisseuses.

Les phénomènes de collapsus furent plus accusés encore dans le cas suivant ; la thrombose n'en pouvait rendre compte, la coagulation semblant d'une façon évidente ne s'être faite qu'après la mort ; malheureusement l'état graisseux du cœur n'est pas signalé dans les notes que j'ai prises alors.

OBSERVATION III.

Diphthérie maligne. — Collapsus. — Algidité.

La petite Georg... Lem..., âgée de 26 mois, est apportée le 1er avril 1873, aux Enfants, et couchée salle Sainte-Geneviève, n° 22. C'est une fillette très chétive qui a passé déjà quelques mois à Sainte-Eugénie, pour une ophthalmie dont elle porte encore les vestiges, et qui a contracté à l'hôpital la scarlatine, puis la rougeole.

Elle avait déjà, paraît-il, de la diphthérie labiale au moment où elle quitta Sainte-Eugénie ; elle entre dans la salle Sainte-Geneviève avec une angine couenneuse manifeste.

La température axillaire est assez basse (36°9 le soir de l'entrée — 36°5, 36°7 le lendemain).

Le 3, dans l'après-midi, la voix est devenue rauque, éteinte. L'enfant est agitée et respire péniblement avec un fort tirage.

Très rapidement se produit un état de collapsus avec refroidissement général (35°4 dans le rectum). La face est pâle et livide, les extrémités froides ; le pouls ne peut se sentir ; le cœur même bat très faiblement et d'une manière irrégulière. La respiration est pénible, le murmure vésiculaire est masqué par de gros râles muqueux. — Mort.

Autopsie. — Diphthérie pharyngée (plaques cohérentes et denses) et laryngée (enduit pultacé).

Bronchiopneumonie disséminée.

Cœur. — Pas de lésions valvulaires. Caillot en partie seulement fibrineux, ne remplissant pas les cavités cardiaques.

Les troubles circulatoires peuvent être fort peu accusés dans des cas où la stéatose cardiaque est des plus prononcées ; chez l'enfant dont je vais rapporter rapidement l'observation, la pâleur, l'abattement, ont été les phénomènes les plus tranchés de la période ultime, de celle où peut-être s'est déposé le gros caillot dense qu'à l'autopsie on trouva dans le cœur droit, et qui, par tous ses caractères, se distinguait du caillot mou du cœur gauche. Ce cas ne peut d'ailleurs être regardé comme simple ; la disparition des plaques couenneuses 3 jours avant les accidents fatals, l'albuminurie, ne permettent pas d'affirmer que la diphthérie fût seule en cause.

OBSERVATION IV.

Angine couenneuse avec albuminurie. — Mort. — Stéatose cardiaque avec thrombose des cavités droites.

Au n° 5 de la salle Sainte-Geneviève, était couchée, le 4 janvier, la petite M. Lic..., âgée de 4 ans 1/2, enfant habituellement forte et bien portante, qui depuis 4 jours était atteinte d'angine couenneuse. La fièvre était assez vive au premier jour, mais diminua dès le lendemain ; les urines étaient très albumineuses.

Le 9 janvier, les plaques de la gorge avaient disparu, l'albuminurie persistait ; la respiration était soufflante à gauche.

Le 11, l'enfant est très abattue ; la peau est cireuse sans œdème. Le cœur paraît tout à fait sain, les pulsations radiales paraissent normales.

Le 12, la prostration a fait de grands progrès, la pâleur est extrême ; des râles nombreux s'entendent à droite et à gauche. Quelques heures après, l'enfant était morte.

Autopsie. — On ne trouve aucune lésion de nature diphthéritique.

Bronchiopneumonie en îlots disséminés et en masses pseudolobaires.

Cœur. — Etat granulo-graisseux presque général ; dans les préparations de fibres musculaires des muscles papillaires, on ne peut découvrir de fibres saines, on n'en trouve qu'un très petit nombre dans la paroi.

Les valvules sont saines.

Un très gros caillot fibrineux, tout à fait décoloré, élastique, intriqué dans les colonnes charnues et les cordons tendineux, remplit complètement le ventricule et l'oreillette droite. Du côté gauche, le sang est à demi-coagulé, un peu poisseux.

Les deux faits dont je veux donner encore l'abrégé, sont deux exemples de thrombose cardiaque constatée à l'autopsie, sans que pendant la vie on ait observé aucun trouble de la circulation centrale ou périphérique. Dans l'un comme dans l'autre, l'examen microcospique n'indiqua aucune altération des fibres du myocarde. Je ne discuterai pas la question de savoir si la thrombose s'est produite avant la mort et peut en être regardée comme la cause prochaine ; les caractères des coagulations intra-cardiaques ne me semblent pas permettre d'affirmer une pareille hypothèse.

OBSERVATION V.

Bourg... J., 6 ans, couché au n° 6 Saint-Louis, est depuis le 1er avril, atteint d'accidents de gravité modérée que l'on a attribués à la grippe. L'examen de la gorge fait reconnaître une angine couenneuse, le jour de l'arrivée (6 avril).

Sauf quelques râles, la respiration est bonne, les bruits du cœur sont normaux ; la température est assez élevée (39°2).

Dès le lendemain, l'enfant pâlit, la peau prend une coloration mate, un aspect terne. L'air pénètre à peine dans la poitrine où s'entendent quelques râles muqueux et sibilants ; la voix est aiguë et cassée ; la toux métallique presque éteinte ; la respiration laryngée, il y a un peu de tirage sous costal.

Pendant deux jours encore le même état persiste, sans accès de suffocation (asphyxie progressive, asphyxie blanche), mais avec plus de prostration qu'au début.

Mort le 9 avril.

Autopsie. — *Cœur* : Dans le ventricule et l'oreillette du côté droit est un gros caillot fibrineux, fibroïde, résistant, décoloré, intriqué dans les anfractuosités de la face interne de l'oreillette et dans les tendons valvulaires.

Le bord libre de la valvule mitrale est un peu boursouflé, épaissi, sans végétations, ni ulcérations. Sur des coupes de la valvule faites après dessèchement, on ne peut constater les amas de cellules embryonnaires qui caractérisent l'endocardite aiguë.

Fibres musculaires du myocarde bien striées, sans granulations graisseuses.

Poumons. — Bronchiopneumonie. Quelques ecchymoses sous pleurales.

Dans ce cas, la pâleur et la prostration pourraient seules être attribuées à la thrombose cardiaque. Rien ne paraît y pouvoir être rapporté dans les symptômes observés chez la dernière enfant, dont il me reste à parler ; rien ne prouve d'ailleurs d'une façon certaine que le caillot ait précédé la période agonique ou la mort même.

OBSERVATION VI.

Croup. — *Trachéotomie.* — *Bronchiopneumonie.* — *Mort.* —
Thrombose cardiaque sans altération du myocarde.

Perr... Jos., 9 ans 1/2, grande fillette, forte, bien constituée, est apportée le 16 décembre 1873, à la salle Sainte-Geneviève (n° 22), à la période asphyxique du croup.

L'indication de la trachéotomie est formelle, les conditions semblent favorables, rien ne contre-indique l'opération qui est pratiquée immédiatement et suivie d'un soulagement considérable : le tirage cesse, l'air pénètre bien dans la poitrine où l'on ne percevait pas de murmure vésiculaire avant la trachéotomie.

Dès le soir, la fièvre est excessive (172 Puls. 40°2), une expectoration muco-purulente abondante, avec de rares lambeaux membraniformes, est rejetée par la canule.

Le 18, la fièvre diminue ; mais elle est de nouveau violente le 19 ; on entend des râles d'abord peu abondants qui, le 20, sont remplacés par de grosses bouffées de râles presque crépitants.

Le pouls est très accéléré, (180 Puls.), ainsi que la respiration (60 insp.); l'expectoration purulente, abondante. L'enfant est très agitée et délire.

Mort. — *Autopsie* : Inflammation des plus vives de toute la muqueuse des voies respiratoires sans fausses membranes. Bronchiopneumonie en voie de suppuration sur quelques points.

Cœur. — Des caillots denses remplissent toutes les cavités cardiaques. Dans l'oreillette droite, un caillot dense, blanc, opaque, avec une masse cruorique dans les parties déclives , se continue avec un coagulum fibrineux, qui se prolonge à grande distance dans la veine cave supérieure et les branches afférentes.

Le thrombus du ventricule droit ne remplit que très incomplètement la cavité qui le contient, et le caillot de l'artère pulmonaire qui lui fait suite est en partie cruorique.

Le ventricule gauche contracté s'applique exactement sur un caillot dense, fibroïde, décoloré ; les valvules se sont profondément imprimées dans la masse fibrineuse qui n'est nullement cruorique.

En présence de semblables faits, n'est-on pas conduit à douter de l'importance qu'ont accordée à la thrombose cardiaque, Meigs, Richardson... et B. Robinson ?

L'endocardite diphthéritique, plus récemment décrite, constitue à nos yeux une complication tout à fait exceptionnelle de l'angine couenneuse ou du croup, et l'origine embolique des lésions viscérales me paraît fort contestable [2].

Voici ce que j'ai observé :

Trois fois seulement dans le cours de la diphthérie, j'ai constaté pendant la vie l'existence d'un bruit anormal au cœur.

Dans l'un de ces cas, le souffle systolique était assez fort, manifestement mitral, et l'on n'en pouvait contester la nature organique ; mais l'angine couenneuse était secondaire à la scarlatine, et l'on sait que les complications cardiaques sont loin

---

1. Cette disposition, alors même que l'on constate sur le caillot des impressions valvulaires, indique que le caillot s'est formé ou après la mort ou tout à fait dans la période agonique (Cornil et Ranvier, p. 527.).

2. Voyez à ce sujet le Mémoire déjà cité de M. Parrot, publié depuis l'achèvement de ce travail.

2

d'être rares dans le cours et à la suite de cette fièvre éruptive.

OBSERVATION VII.

Scarlatine. — *Angine couenneuse*. — *Endocardite mitrale*. —
Guérison. — (*Léger souffle persistant*).

Maufr... G., 3 ans 1/2, entré le 10 juillet 1873, salle Saint-Louis, n° 4.

Cet enfant, après avoir eu la rougeole il y a 16 jours, vient d'être pris de la scarlatine dont l'éruption a débuté le 7 juillet ; deux jours après il avait une angine membraneuse.

Le 11, matin, l'éruption persiste. La gorge est très rouge, les amygdales énormément tuméfiées sont couvertes d'un enduit blanc jaunâtre, mou, d'apparence pultacée ; les ganglions sous maxillaires sont volumineux. En même temps on constate un peu de jetage par les narines. La voix est forte ; la respiration naturelle sans tirage. La fièvre est encore assez vive.

	Temp.		Puls.	Resp.
	39°4	128		32
Le soir,	39°2	124		34

L'enduit amygdalien est plus cohérent ; un grand lambeau membraneux se détache pendant une irrigation (eau de chaux).

Le cœur n'est pas augmenté de volume ; les bruits sont normaux.

Le 12, l'éruption est très pâle.

	Temp.		Puls.	Resp.
	39°4	128		32
Le soir,	38°	120		28
Le 13,	39°4	132		28
	39°	128		20

Il y a moins de jetage. Une large plaque s'étend de l'amygdale gauche sur le voile du palais.

L'impulsion cardiaque est forte, sans augmentation de matité. Un fort souffle systolique à timbre musical s'entend à la pointe.

Le 14,	Temp.		Puls.	Resp.
	37°8	120		24
	37°6	108		20

La gorge reste dans le même état.

Le souffle persiste avec les mêmes caractères. Un souffle doux systolique qui se perçoit à la base, semble n'être que la propagation du bruit de la pointe.

Il n'y a pas de rhumatisme scarlatineux, pas d'albuminurie.

Le 15, la fièvre est tombée tout à fait. La gorge est beaucoup mieux ; un simple enduit foliacé couvre les amygdales.

Le 16, le souffle diminue.

Le 18, les derniers vestiges de fausse membrane ont disparu ; le souffle est très doux.

Le 21, l'enfant est emmené guéri, un très léger souffle persiste à la pointe.

En même temps que cet enfant, se trouvait à la salle Saint-Louis, au lit voisin, un petit garçon de 4 ans, atteint de paralysie infantile qui, le 12 juillet, eut une angine couenneuse, qui fut bénigne. Le 13, soir, j'entendis à la base du cœur un souffle doux systolique qui persistait encore, très faible, le 22, puis disparut. Je ne crois pas qu'on puisse affirmer la nature organique d'un pareil bruit.

Il n'en fut pas de même dans un autre fait que j'eus l'occasion d'observer plus tard, et qui paraît être un exemple incontestable d'endocardite survenue dans le cours d'une diphthérie gangréneuse, comme on voit les complications cardiaques se produire dans le cours des affections septiques.

OBSERVATION VIII.

Diphthérie gangréneuse. — Nécrose du rebord alvéolaire du maxillaire inférieur. — Endocardite mitrale. — Guérison incomplète.

Le 25 novembre 1873, on fait entrer à la petite salle Sainte-Luce, (destinée momentanément aux affections diphthéritiques) un enfant (Bong... Ch., 3 ans), assez fortement constitué, mais profondément maléficié par la diphthérie. La maladie date de 10 jours ; elle a débuté au milieu de la santé, sans fièvre éruptive antécédente.

La face est blême, d'un ton mat ; les ganglions sous-maxillaires forment à droite et à gauche une double tumeur qui, dit-on, a été plus considérable encore les jours passés. Un liquide ténu s'écoule des narines ; les lèvres sont recouvertes en grande partie d'un enduit cohérent, mince, membraniforme.

Les dents incisives inférieures ont été brisées (en ville) dans les tentatives faites pour porter les topiques sur le pharynx. Le rebord alvéolaire, à ce niveau, est recouvert d'un enduit grisâtre, d'un aspect gangréneux ; une salive fétide est rejetée en abondance.

La gorge, qu'il est difficile de bien voir complètement, est couverte d'un enduit épais grisâtre.

La respiration se fait normalement.

L'enfant refuse tout aliment ; les quelques boissons qu'il consent à prendre sont dégluties sans difficulté.

Les jours suivants, l'état général s'améliore un peu, mais non les lésions locales. La langue est couverte d'un enduit cohérent qui forme çà et là des plaques épaisses, amincies vers leur circonférence.

1er décembre. — L'enduit diphthéritique a disparu sur la lèvre supérieure ; sur la langue, il s'amincit. Le voile du palais est presque débarrassé ; le bord alvéolaire se déterge bien.

8 déc. — Les nuits sont moins bonnes ; l'appétit, qui était revenu, se perd depuis deux jours. Il n'y a pas de complications pleuro-pulmonaires. Mais un léger bruit de souffle systolique s'entend à la région du cœur, il semble prédominer à la pointe.

9 déc. — Le souffle systolique de la pointe prend par moments le caractère musical.

La région sus-hyoïdienne est le siége d'une tuméfaction phlegmoneuse.

10 déc. — Le bruit cardiaque augmente d'intensité et devient un vrai piaulement à timbre aigu.

La surface de la gencive, au bord alvéolaire inférieure est de nouveau fongueuse et couverte d'un enduit pulpeux d'aspect diphthéritique.

25 déc. — Tuméfaction fluctuante aux deux angles du maxillaire inférieur ; la pression sur la région sus-hyoïdiennne fait sourdre du pus phlegmoneux fétide dans la bouche le long du rebord alvéolaire.

Le souffle de la pointe persiste, musical, intense.

Dans les premiers jours de janvier, l'enfant est emporté par ses parents dans le même état.

L'examen du cœur, dans les autopsies, ne m'a guère fourni de données certaines et je n'ai, dans aucun cas de *diphthérie primitive*, rencontré les lésions de l'endocardite aiguë [1]. Voici quel était l'état des valvules dans 18 cas où l'endocarde a paru présenter quelque altération (dans 18 autres nécropsies, les valvules étaient absolument saines).

---

1 « A moins que la rougeur ne se présente sous la forme d'arborisations vasculaires, elle indique simplement une imbibition. — L'endocardite est essentiellement caractérisée par des végétations, des érosions et des ulcérations de l'endocarde. » (Ranver et Cornil, p. 520.)

-Je copie textuellement mes notes d'amphithéâtre :

1. Bourg... (*v*. obs. V), mort au 9ᵉ j. d'une angine couenneuse avec croup commençant.
Bord libre de la valv. mitrale un peu boursouflé, épaissi, sans végétations, sans ulcérations. Sur des coupes faites après durcissement, colorées et traitées par l'a. acétique, on ne constate nulle part les amas de cellules embryonnaires des lésions inflammatoires.

2. Col..., G., 2 ans, 30, St-Louis. Autopsie le 2 avril : Angine couenneuse scarlatineuse; tuméfaction, boursouflure du bord libre des valvules.

3. Derv..., A., 23 mois, 30, St-Louis. Croup (mort au 4ᵉ j.). Autopsie le 22 mars : valvules saines à droite. Boursouflure du bord libre de la mitrale.

4. Dr.., L., 2 ans, 1 St-Louis. Stomatite diphthéro-gangréneuse, croup. Autopsie le 5 déc. : sur le bord de la mitrale, deux petites saillies fermes de la grosseur d'une tête d'épingle.

5. Dut.., H., 3 ans 1/2, 4 St-Louis. Croup. Aut. le 4 sept. Epaississement diffus de tout le bord libre de la mitrale. En un point, petite végétation demi-transparente de consistance cartilagineuse.

6. Lej.., H., 3 ans, 6 St-Louis. Rougeole, croup secondaire. Aut. le 8 nov. : tuméfaction diffuse du bord de la valvule mitrale avec petites élevures assez bien circonscrites.

7. Lem.., E., 2 ans 1/2, 9 Ste-Geneviève. Péritonite tuberculeuse, croup. Aut. le 4 mars : bord libre de la valvule mitrale un peu boursouflé, transparent, lisse, comme on letrouve chez beaucoup de jeunes sujets non dipthéritiques.

9. Noy.., A., 7 ans, St-Louis 4. Croup. Aut. le 23 avril : léger épaississement du bord libre de la valvule mitrale.

10. Petit.., J., 7 ans, St-Louis 6. Scarlatine 2 mois avant l'angine couenneuse. Mort au 4ᵉ j. de l'angine. Bord libre de la valvule mitrale un peu boursouflé, et, sur un point, saillie un peu plus notable (endocardite végétante?).

11. Petr.., M., 20 mois, Ste-Geneviève 18. Diphthérie rubéolique. Aut. le 11 déc. : le cœur est sain, sauf l'épaississement diffus du bord libre de la mitrale.

12. Rob.., L., 22 mois, St-Louis 32. Scarlatine, puis rougeole; diphthérie labiale, puis cutanée. Valvules rougies par imbibition. Près du bord libre de la mitrale, petites végétations

formant cinq ou six grains globuleux denses groupés en croissant.

13. Vét.., M., 4 ans 1/2, Ste-Geneviève 9. Croup. Aut, le 7 janvier : valvules saines, très léger épaississement du bord libre de la valvule mitrale.

14. Vid.., L., 7 ans, St-Louis 19. Croup laryngo-bronchique et bronchio-pneumonie. Aut. le 15 mai : valvules saines au moment de l'autopsie ; après vingt-quatre heures de séjour dans l'eau faiblement alcoolisée, le bord libre de la valvule est gonflé, boursouflé, lisse, demi-transparent et présente tout à fait l'aspect que j'ai souvent signalé dans les cas précédents. Sur des coupes fines de la valvule examinée dans la glycérine acidulée, on ne peut constater aucune lésion inflammatoire, on ne voit nulle part d'éléments embryonnaires accumulés.

15. Vig.., H., 2 ans 1/2, Ste-Geneviève 12. Pleurésie purulente. Diphthérie de la gorge et de la valvule. Aut. le 5 juill.: Endocarde teint par imbibition ; sur la valvule tricuspide, une petite végétation du volume d'une tête d'épingle.

16. X., 26 St-Louis. Croup. Aut. le 22 février : le bord libre de la valvule mitrale est un peu épaissi, mais cette apparence ne semble pas pathologique tant il est fréquent de la rencontrer dans les maladies les plus diverses.

17. X., St-Jean. Croup. Aut. le 14 janvier : bord libre de a valvule mitrale très épaissi.

18. X., St-Louis 10. Aut. le 3 mai : très léger épaississement ou mieux boursouflure du bord libre de la valvule mitrale; s'exagère beaucoup par le séjour dans l'eau faiblement alcoolisée.

Dans les observations qui précèdent se trouvent signalées des altérations de deux sortes, de petites saillies fibroïdes, plus ou moins analogues à de petites végétations, et une tuméfaction du bord libre des valvules.

Les petites saillies nodulaires existaient dans 6 cas (4, 5, 6, 10, 12, 15). De ces enfants, deux venaient d'avoir la rougeole, un avait eu successivement la rougeole et la scarlatine, une autre avait une pleurésie purulente ; la scarlatine avait existé chez une autre quelque temps avant la diphthérie. Enfin, un seul (5) était atteint de croup primitif.

Bien que les antécédents que je viens de citer n'annulent pas complètement la part possible de la diphthérie dans l'étiologie d'une lésion cardiaque, elles la rendent à coup sûr moins évidente.

Mais est-il certain que les petites nodosités ou végétations globuleuses dont j'ai parlé doivent être regardées comme de nature inflammatoire et récentes. Les recherches de M. Parrot sur les hémato-nodules cardiaques et la critique qu'il fait des opinions de M. Bouchut et de M. Labadie-Lagrave sont bien faites pour éloigner de cette idée.

L'autre altération valvulaire, très commune, se présente avec des caractères toujours identiques. C'est un épaississement, un gonflement général du bord libre de la valvule mitrale ou plus rarement de la tricuspide ; le tissu en est luisant, demi-transparent, la surface est comme mamelonnée d'éminences peu saillantes, douces au toucher, peu denses, incolores ou plus ou moins vivement teintées en rouge par imbibition. Elles se gonflent dans les liquides aqueux, s'affaissent dans l'alcool qui rétracte à peine les saillies végétantes.

J'ai déjà, en citant les notes prises au moment des autopsies, indiqué que cette apparence des valvules n'avait rien de spécial ; il est commun de la rencontrer dans les maladies les plus diverses, et l'on est obligé d'admettre ou que l'endocardite est une lésion des plus fréquentes dans toutes les affections fébriles, ou que l'altération qui nous occupe ne mérite pas le nom d'endocardite. M. Bouchut n'hésite pas à généraliser l'existence des complications inflammatoires de l'endocarde dans les maladies aiguës ; pour moi, j'adopte la seconde interprétation et m'appuie, pour rejeter la dénomination d'endocardite, sur l'aspect extérieur des valvules, sur la structure histologique des parties atteintes de la « demi-lésion » qui nous occupe, et enfin sur l'absence bien constatée des signes habituels des lésions valvulaires pendant la vie.

Les exemples avérés d'endocardite diphthéritique sont donc tout à fait exceptionnels.

Lésions broncho-pulmonaires

Parmi les lésions viscérales que l'on rencontre dans la diph-thérie, les plus fréquentes, celles qui offrent sans contredit le plus grand intérêt ont leur siége dans le poumon ; elles ont été l'objet des remarquables études de M. Peter. Faut-il leur attri-buer une origine embolique ? telle est la question soulevée récemment et qu'il convient d'examiner rapidement. Je répon-drai de suite : Non, les lésions pulmonaires qui compliquent la diphthérie ne reconnaissent pas cette étiologie (au moins comme règle générale). On ne peut l'admettre d'abord pour le plus grand nombre des cas, dans lesquels le poumon présente tous les caractères de la bronchio-pneumonie commune, telle qu'elle se rencontre dans la rougeole ; la coqueluche et tant d'autres maladies de l'enfance où le processus embolique n'est certaine-ment pas en cause. Il importe de savoir que dans ces cas simples de pneumonie mamelonnée ou lobulaire, quelle que soit son origine, on trouve au milieu des îlots congestionnés ou hépa-tisés de petites coagulations sanguines dans les veinules.

Les noyaux lobulaires peuvent présenter une autre appa-rence plus caractéristique en quelque sorte et qui se prête mieux à l'hypothèse des embolies capillaires : les noyaux ne sont pas aussi nettement circonscrits que dans la forme précédente ; ils se détachent plus vivement sur le tissu ambiant par une colora-tion foncée tout à fait ecchymotique. On peut se demander s'ils ne constituent pas alors de vrais infarctus. A vrai dire, la dé-monstration rigoureuse est impossible et des objections sérieuses s'élèvent contre une pareille supposition.

Dans cette hypothèse, les corpuscules migrateurs seraient ces filaments de fibrine qu'on trouve parfois attachés suspendus aux cordages tendineux des valvules ; quant aux gros caillots élastiques, cohérents, plus ou moins décolorés, ils ne peuvent fournir de fragments emboliques. Or, les filaments ou corpus-cules fibrineux n'existent pas dans tous les cas de lésions apo-plectiformes du poumon ; on les rencontre dans le cœur de bien des sujets dont le poumon est sain ou du moins ne présente rien qui ressemble à des infarctus.

Les noyaux ecchymotiques, mal délimités à la surface, n'ont pas la disposition régulièrement coniques des infarctus emboliques.

La présence de coagula dans les vaisseaux et en particulier dans les veinules lobulaires n'a pas de signification précise, la thrombose se produisant, comme nous l'avons dit, d'une manière secondaire dans les foyers pneumoniques.

L'apparence ecchymotique des noyaux de la bronchio-pneumonie s'observe fréquemment dans plusieurs maladies, dans la rougeole en particulier où l'endocardite est des plus rares.

Enfin, l'épaississement diffus du bord libre des valvules et les petits dépôts fibrineux existent dans le cœur gauche plus fréquemment qu'à droite, et cependant les embolies du système aortique sont tout à fait exceptionnelles, si jamais on les rencontre dans la diphthérie.

Jamais je n'ai rencontré dans le *rein* autre chose que des lésions parenchymateuses diffuses, mais pas d'infarctus.

Dans le *foie*, il est fréquent de voir à la surface de l'organe des taches pâles; le plus souvent ces plaques jaunâtres irrégulières, superficielles sont produites par la pression d'une côte ou d'un organe voisin. En d'autres points, la décoloration pénètre plus profondément dans le parenchyme; à ce niveau, on trouve parfois des veinules oblitérées. Quant à de vrais infarctus à quelque degré que ce soit, je n'en ai jamais vu.

Buhl [1] a signalé, dans un cas de paralysie diphthéritique, de petites hémorrhagies de la moëlle; il ne discute même pas la possibilité d'embolies capillaires.

Eisenmann [2] attribue les paralysies diphthéritiques à des oblitérations artérielles par des caillots fibrineux; il est probable que ces petits caillots sont des productions cadavériques, ou se forment consécutivement à de petites hémorrhagies.

1 *Buhl*, Zeitschr. f. Biologie, 1869. Gaz. méd. 1873.
2 *Eisenmann*, Deutsch. Klin. 1861. M. Jaffé. Schm. Jahrb. 1862. CXIII, 108.

Il me reste à parler des altérations que subissent certains muscles. De même que les myosites secondaires à un grand nombre d'affections fébriles ont en général un siége d'élection, les muscles qui sont dans la diphthérie le plus souvent atteints sont les moteurs du larynx (l'altération granulo-graisseuse du muscle thyro-aryténoïdien que j'ai observée plusieurs fois est mentionnée dans la th. de M. Callendreau [1873]).

Voici quelques notes à cet égard :

1. Petit, J., 7 ans. Angine couenneuse. Stéatose cardiaque. *Muscles*, grand droit de l'abdomen sain ; diaphragme, dégénération granuleuse d'un grand nombre de fibres.

M. péristaphylin interne, non altéré ; crico-tyroïdien, fibres granulo-graisseuses en faible proportion.

M. thyro-aryténoïdien, quelques granulations graisseuses.

2. Dew... A., 23 mois, Saint-Louis, 30. Croup. Muscles constricteurs du pharynx et M. du voile du palais sans lésions. M. crico-aryténoïdien latéral ; quelques rares fibres sont granuleuses.

3. X..., Saint-Jean. Muscle gr. droit de l'abdomen ; fibres normales d'une striation parfaite.

M. thyro-aryténoïdien : presque toutes les fibres sont absolument granulo-graisseuses.

M. crico-aryténoïdien postérieur : le plus grand nombre des fibres sont saines ; beaucoup sont granuleuses.

4. X..., Saint-Louis, 26. Muscles : diaphragme, sain; thyro-aryténoïdien: très rares fibres altérées granuleuses sans striation. L'hyo-glosse est un peu plus altéré. De nombreuses fibres sont granuleuses dans le M. crico-thyroïdien.

Chez deux enfants qui avaient été atteints de paralysie diphthéritique, j'ai pu constater l'intégrité complète des fibres musculaires des muscles du voile du palais.

Des fausses membranes diphthéritiques.

Toutes les modifications pathologiques que la diphthérie provoque dans la structure des organes ou des parenchymes, n'ont rien de spécifique. Il en est tout autrement de la fausse membrane couenneuse qui, dès le principe, a été regardée comme la caractéristique anatomique de la maladie et lui a valu son nom.

Regardée tout d'abord comme un exsudat coagulable sécrété à la surface des muqueuses ou de la peau, elle est généralement considérée, depuis les travaux d'E. Wagner[1], comme constituée par une altération particulière de l'épithélium (dégénérescence fibrineuse).

Wagner admet que la même transformation se produit sur les diverses muqueuses à épithélium pavimenteux et cylindrique. « On peut affirmer, dit-il, que le mode de formation » est au fond identique dans les deux cas (fausses membranes » croupales du larynx et de la trachée, et fausses membranes » diphthéritiques du pharynx); seulement dans le croup, la » finesse plus grande du réseau, est due à la production beau- » coup plus active des éléments globulaires dans l'intérieur des » cellules épithéliales. »

Cette opinion exclusive sur la constitution de l'enduit couen-neux du croup et de l'angine diphthéritique, a d'ailleurs été contestée, et d'après ce que j'ai vu, je m'associerais volontiers à ceux qui la regardent comme insuffisante. « L'altération des » cellules si caractéristique qu'elle soit, dit Buhl, n'est pas le » fond de la lésion, car elle ne se rencontre que dans les mu- » queuses à épithélium pavimenteux. »

« La couche délicate que forme l'épithélium, dit Rindfleisch[2], » ne me paraît pas présenter assez de substance pour qu'une » pseudo-membrane puisse se former exclusivement par cette » voie. — Il me paraît très naturel d'admettre que la surface » muqueuse ait sécrété un liquide, qui, outre de nombreuses » cellules, tient en solution une substance fibrinoïde. »

Voici ce que j'ai pu constater moi-même :

Il est incontestable qu'on trouve dans les fausses membranes du pharynx, lorsqu'on les examine à l'état frais, par dissocia-tion dans le carmin, des cellules épithéliales déformées, pour-vues de prolongements variables dans leur disposition. Il

1. Arch. der Heillkunde, 1866 et 68. Anal. dans Gaz., méd. 1869, p. 393.
2. Rindfleisch, trad. Gross., p. 362, 363.

semble aussi que, bien évidemment, ces cellules, avec leurs expansions plus ou moins ténues, constituent par leur entre-croisement une apparence de réticulum à mailles irrégulières. Mais le petit nombre des éléments atteints de dégénérescence vitreuse ou fibrineuse, par rapport à la quantité considérable de cellules intactes, ne permet guère d'admettre que le réseau d'apparence fibrineuse dérive entièrement de cette origine. Il faut chercher beaucoup pour rencontrer une cellule très défor-mée, creusée de cavités aréolaires qui lui donnent l'apparence ramifiée.

S'il est difficile d'admettre que les plaques de l'angine couen-neuse soient constituées exclusivement par une modification de l'épithélium, il l'est plus encore de supposer que, dans les fausses membranes bronchiques, les longs filaments ténus, dis-posés parallèlement à l'axe des tuyaux aériens et rarement en-trecoisés, soient uniquement formés par une modification des cellules cylindriques à cils vibratiles qui revêtent la muqueuse de l'arbre respiratoire.

Lorsqu'on examine par dissociation une fausse membrane bronchique qui vient d'être expectorée, on trouve, dans la couche tout à fait superficielle, des cellules épithéliales, par-faitement reconnaissables, et qui ne se montrent certainement pas plus altérées qu'elles ne sont dans le catarrhe bronchique le plus simple.

Elles sont, ainsi qu'on l'a indiqué dès les premières recher-ches sur la constitution des pseudo-membranes, enfermées entre des filaments déliés que l'on considère comme de nature fibri-neuse, bien qu'en réalité leur composition chimique soit mal connue.

Dans les couches plus profondes et sur des coupes perpendi-laires à la surface des bronches et de la trachée, on trouve un reticulum serré; enfin immédiatement au-dessus du chorion muqueux infiltré de jeunes cellules, la limite de la fausse membrane est toujours nettement marquée par une ligne claire sans éléments cellulaires.

Le réseau apparaît bien évident sur des coupes fines pratiquées sur des pièces durcies (acide pririque (24 h.), gomme (24 h. alcool), colorées au picro-carminate, lavées au pinceau et étudiées dans la glycérine. La couche profonde de la fausse membrane présente des mailles allongées dans le sens transversal, limitées par des fibrilles assez épaisses et renfermant encore, lorsque la pièce est insuffisamment lavée, quelques jeunes cellules ; dans les couches plus superficielles, les mailles deviennent plus circulaires, plus petites, sont circonscrites par des fibrilles plus ténues ; chacune des logettes ne renferme plus guère qu'un seul élément cellulaire. Après lavage, l'aspect de ces coupes a quelque analogie avec celui du tissu réticulé.

On ne peut se défendre, lorsqu'on examine de semblables pièces, de la pensée d'une effusion de liquide coagulable, qui aurait englué en quelque sorte et cloisonné les jeunes cellules versées en grand nombre à la surface de la muqueuse. C'est l'opinion que soutient Rindfleisch, et je serais disposé à l'adopter.

Toutefois, M. Coyne [1], dans ses recherches sur l'anatomie normale de la muqueuse du larynx, a reconnu l'altération vitreuse de l'épithélium cylindrique. Cette confirmation, pour le larynx, des opinions de Wagner, me rend moins absolu dans l'affirmation que je me croyais d'abord autorisé à émettre après Buhl et Rindfleisch.

On est disposé à admettre la formation des plaques par coagulation de la substance demi-liquide interposée aux éléments cellulaires, lorsqu'on examine, par exemple, la substance pulpeuse qui recouvre certaines plaies diphthéritiques, comme dans le fait suivant.

OBSERVATION IX.

Rol... Ern., 2 ans, Saint-Louis, 30. Entré le 29 mai 1873. Croup asphyxique au 3e jour. — Trachéotomie immédiate.

1. Thèse de Paris, 1874, p. 32 et suiv.

31 mai. — Plaie large blafarde, couverte d'un enduit pulpeux diphthéroïde.

4 juin. — Sur un point de la plaie, se voit une petite plaque à peine saillante, plus cohérente, plus blanche, plus adhérente que les amas pulpeux membraniformes des jours précédents. Examinée de suite dans une gouttelette d'eau tiède, cette substance paraît constituée par un amas de leucocytes sans apparence de reticulum ; on y distingue aussi quelques globules sanguins et de nombreux corpuscules arrondis d'un très petit diamètre animés de mouvements extrêmement rapides (Kugelbacterien ?)

Peu à peu se forment entre les cellules des traînées opaques un peu granuleuses, et quand on a doucement lavé la pièce au pinceau imbibé d'eau tiède, on distingue un reticulum régulier formé de tractus brillants d'un blanc jaunâtre un peu granuleux.

Resterait donc à démontrer la nature chimique de la substance qui se concrète ainsi et la comparer au reticulum des membranes diphthéritiques, ce que je n'ai pu faire. Jusque-là on ne peut conclure.

Ce dernier fait me conduit à présenter une simple remarque relative à la diphthérie cutanée et à la diphthérie des plaies.

Il est des cas nombreux où l'on voit se produire dans les salles d'hôpital, chez des enfants plus ou moins cachectiques, des exulcérations ou des fissures pulpeuses grises sur la peau, derrière les oreilles, aux commissures labiales, sans qu'on puisse affirmer s'il s'agit ou non de productions diphtéritiques.

De même, après la trachéotomie pratiquée chez des enfants atteints de croup confirmé, la plaie se couvre parfois d'une couenne qu'on ne peut toujours avec certitude regarder comme spécifique.

Qu'il me suffise de dire qu'au point de vue anatomo-pathologique, cette fausse membrane diffère de la couenne du pharynx dans certains cas du moins : elle est, en effet, constituée souvent par une gangrène très superficielle de la surface traumatique, et renferme des débris des éléments de la région (fragments de fibres élastiques, de fibres musculaires, etc.)

DEUXIÈME PARTIE

ÉTUDE CRITIQUE ET RECHERCHES EXPÉRIMENTALES

sur la théorie zymotique ou parasitaire de la diphthérie.

La plupart des cliniciens et anatomo-pathologistes ont regardé comme caractéristiques les productions pseudo-membraneuses de la diphthérie. Dans ces dernières années, un auteur allemand, Letzerich et, depuis lui, plusieurs de ses compatriotes ont prétendu démontrer que la spécificité de la diphthérie se manifeste essentiellement, non par l'enduit couenneux lui-même, mais bien par la présence d'un parasite dans les fausses membranes d'abord, puis dans le sang et les divers organes de l'économie.

C'est à l'examen critique de cette doctrine séduisante que je vais consacrer les pages qui suivent.

Les premières recherches de Letzerich datent de 1869 ; elles sont consignées dans les Archives de Virchow (t. xLv). L'auteur y décrit et y figure le champignon, qu'il regarde comme l'agent spécifique de la contagion à distance et de l'infection de l'individu.

Pour étudier les altérations diphthéritiques et le parasite, Letzerich fait durcir les fausses membranes fraîches par une immersion de 20 minutes, dans une solution étendue d'acide chronique, et en fait des coupes qui sont examinées dans la glycérine.

Sur ces pièces, dit l'histologiste allemand, on reconnaît deux couches, l'une formée de masses amorphes d'aspect spécial, c'est l'exsudat diphthérique superficiel ; l'autre est constituée par des fibrilles de tissu conjonctif, des fibres élastiques et des cellules du tissu conjonctif.

Or, je dois dire de suite, que jamais, sur les pièces fraîches ou durcies, je n'ai vu cette seconde couche. Bien plus, elle n'est pas signalée dans les descriptions diverses qui ont été données des fausses membranes.

La découverte capitale de Letzerich, si elle venait à être confirmée, c'est la présence de corpuscules parasitaires dans les cellules épithéliales.

On voit, dit-il, des corpuscules brillants, arrondis, de très petit volume, souvent rattachés à des filaments déliés ; les premiers sont les spores (pilzsporen), les seconds constituent le mycélium (thallusfaden), d'un champignon nouveau, le *Zygodesmus fuscus*, que Letzerich rattache aux Cladiosporés-Hyphomycètes.

La lésion locale, puis l'infection générale de l'économie, sont la conséquence de la multiplication des spores et du champignon, sur place d'abord, puis dans tous les organes.

Cette théorie, hasardée dans le premier travail de Letzerich, se complète dans ses publications successives et enfin dans son traité de la diphthérie [1].

Dans la période catarrhale de la maladie, les crachats renferment, avec des corpuscules purulents, des spores mûres d'un brun jaune (*Z. fuscus*) ; l'épithélium alors est intact. Il s'y ajoute bientôt, par la germination des spores, de petits filaments de prothallus utriculaire (schlauchformg), dont l'action irritante est la cause prochaine qui provoque la formation de l'exsudat spécial, amorphe, de la diphthérie.

Là ne se bornent pas les progrès du mal ; la muqueuse dans toute son épaisseur, le tissu sous muqueux, sont envahis à leur tour et donnent passage aux spores, qui, en même temps, ont pénétré dans l'estomac, dans l'intestin, dans le poumon, où elles seraient la cause probable de la pneumonie secondaire. Les voies lymphatiques et les chylifères en même temps que

1. Berlin, Hirschwald, 1872. — Anal. dans Jahrb. f. Kinderheilk. (30 avr. 73.)

les vaisseaux sanguins, les disséminent dans toute l'économie.

La lésion purement locale à l'origine est maintenant diffuse ; a fièvre, bientôt le collapsus, témoignent de l'infection. C'est alors aussi que l'urine devient rare, albumineuse, et renferme, avec des cylindres et des cellules, des masses de spores et des filaments de mycélium.

Il n'est pas jusqu'aux muscles où les spores ne puissent pénétrer ; elles y altèrent les fibres nerveuses et deviennent une cause de paralysie.

Dans les crachats que rejettent les malades, sont des germes qui, se dispersant avec les poussières dans l'atmosphère, sont inspirés par d'autres sujets, et, au contact de l'humidité des muqueuses, se développent et régénèrent la maladie.

On le voit, rien ne manque à la théorie ; aussi bien a-t-elle séduit quelques anatomo-pathologistes, tandis qu'elle n'a pu convaincre certains autres qui ont vainement cherché le Zygodesmus de Letzerich.

Buhl admet la présence constante du champignon [1].

Neumann [2] semble être du même avis, mais ne cite aucune observation personnelle.

Max Jaffé, au contraire, après avoir signalé, dès 1862 [3], la présence accidentelle de végétaux inférieurs (oïdium albicans, Leptothrix buccalis) dans les fausses membranes, répète en 1868 [4], que ces productions n'ont aucune valeur spécifique. Il cite à l'appui de son opinion, le résultat des recherches de *Rud. Demme*, de Berne [5].

Hallier [6] a rencontré dans les fausses membranes divers cham-

---

1. ... Den Pilz, der bei diphtherie constant vorkommt. (Zeitsch f. Biol., 1869, p. 341).

2. Lehrbuch der Hautkrankheiten, 1873. (Art. diphthérie).

3. Schmidt's Jahrb., 1862, cxiii, p. 108.

4. Schm. Jahrb., 1868, cxl : Pilzbildung ist nur als ein zufälliges Accident zu betrachten.

5. Pilzbildungen konnten nicht wahrgenommen werden.

6. Cité par Hueter : Centralblatt, 1868.

pignons (Diplosporum fuscum, spores de Tilletia d'Ustilago, oïdium albicans), mais il ne les regarde nullement comme caractéristiques ; leur multiplicité indique assez qu'ils n'ont rien de commun avec la spécificité des lésions diphthéritiques.

Hueter[1], partisan de la théorie zymotique, ne reconnaît pas comme agents d'infection, les mêmes organismes que Letzerich. Les deux observations sur lesquelles repose sa doctrine sont des exemples fort contestables de diphthérie (diphthéroïde des plaies). Plus tard, il observa des corpuscules analogues à ceux qu'il avait reconnus d'abord, chez des sujets atteints d'angine couenneuse. Il regarde les microphytes en question comme analogues au Leptothrix de Hallier ; Pasteur, dit-il, les nomme monas crepusculum et bacterium termo. Les expériences que fit Hueter pour démontrer le caractère spécifique de ces petits corpuscules, ne peuvent entraîner la conviction, et les accidents provoqués expérimentalement semblent purement de nature septicémique.

Classen de Rostock [2] n'a pu trouver le champignon de Letzerich, mais il a observé d'autres petits organismes, des masses ponctuées en mouvement et de très petits corps brillants fort analogues à ceux qu'a décrits Hallier dans la variole et quelques autres maladies. Il suppose que ces microphytes altèrent les cellules épithéliales par leur présence, et il décrit une transformation des épithéliums qui est, avec peu de variantes, celle qu'a indiquée Wagner.

Je dois citer enfin *Senator* [3], le contradicteur le plus sérieux des théories prématurées de Letzerich. Il a, lui aussi, rencontré dans les fausses membranes du pharynx de petits corps ronds brillants, à contours déliés, immobiles, isolés ou groupés en masses, ou se mouvant avec rapidité et changeant de forme à tout instant ; il observait en même temps la présence de

---

1. Centr., 1868, p 177, p. 531.
2. Virchows, Archiv., 1871, LII, 260.
3. Id., LVI.

vibrions, de filaments de Leptothrix buccalis ; mais il se déclare formellement contre la spécificité de ces microphytes. On rencontre, dit-il, de semblables organismes dans d'autres maladies inflammatoires de la bouche et du pharynx ; ils passent de même dans l'urine et y subissent des transformations analogues.

Senator a d'ailleurs fourni un argument de la plus grande valeur contre la théorie parasitaire : il a remarqué que les champignons sont, dans les fausses membranes de la gorge, d'autant plus rares qu'on passe des couches superficielles vers les parties profondes ; ils font enfin complètement défaut ou du moins deviennent fort rares dans les fausses membranes des voies aériennes.

Ce fait, dont Letzerich ne conteste pas l'exactitude, ne démontre-t-il pas que la présence des microphytes n'est pas la condition nécessaire du développement des pseudo-membranes, et que les champignons dont les spores sont portées par l'air, se développent sur les plaques couenneuses comme se développent de préférence les organismes parasitaires sur toute surface dont la constitution normale est altérée.

Il est bon d'ajouter que Letzerich n'a pas cru devoir faire céder la théorie à de semblables objections.

Letzerich a joint à ses observations des recherches expérimentales que j'ai cherché à contrôler en les répétant avec toutes les précautions possibles ; je dirai de suite que les faits qui me sont personnels ne me permettent pas d'admettre la spécificité des microphytes qu'on observe dans les fausses membranes diphthériques, ni la spécificité des accidents qu'on provoque expérimentalement par l'inoculation des microphytes cultivés, du sang ou des fausses membranes même des sujets atteints de diphthérie.

Je vais résumer rapidement les recherches consignées dans le travail de Letzerich, puis rapporter en détails mes propres expériences.

L'histologiste allemand [1], pour isoler l'agent qu'il regarde comme le véritable et seul contage de la diphthérie, a fait la culture du Zygodesmus. Il a, pour cela, lavé avec soin des fausses membranes fraîches, les a tenues dans une atmosphère humide, à l'abri des spores étrangères. Bientôt (après 24 heures), il a vu se former une couche blanchâtre, formée de filaments avec des conidies à divers degrés de développement. Cette jeune production, semée sur des fragments de pain humectés de lait, y produit une génération nouvelle.

Des fragments de ce pain, envahis par le champignon de 2e ou 3e semis, sont disposés dans le cul de sac conjonctival ou à l'entrée de la vulve d'une jeune lapine. 10 heures plus tard, l'animal semble souffrant; 16 heures après l'inoculation, il meurt, et les muqueuses présentent les altérations de la diphthérie.

Dans d'autres expériences, on fait avaler à l'animal le pain chargé de spores; de 35 à 52 heures plus tard, le lapin perd l'appétit, il a de la diarrhée. Après un temps qui varie de 72 heures à 4 jours, on le tue par section du bulbe. L'estomac et l'intestin renferment, au dire de l'expérimentateur, des plaques blanches constituées comme l'enduit diphthéritique, et renfermant de même les spores et les filaments de champignon; les reins renferment des spores brillantes.

Enfin, et Letzerich accorde à ce fait une grande importance, l'urine d'un diphthéritique est filtrée, et le papier sur lequel se sont déposées les spores est appliqué en petits fragments sur la muqueuse des joues d'un lapin Au bout de quelque temps, l'urine renferme des spores brillantes sans que localement se soit produite aucune lésion considérable.

Hueter [2] a tenté, avec Hoffmann, la culture des microphytes des fausses membranes; il ne se développa aucun champignon.

1. Virchows, Arch., xlvii.
2. Centralblatt, 1868.

Grœhe[1] ne croit pas à la spécificité des accidents provoqués par les inoculations, et les compare à ceux que détermine l'introduction dans le sang des spores de mucédinées quelconques (aspergillus glaucus ; penicillum glaucum). Il donne le nom de mycosis générale foudroyante à l'infection ainsi déterminée. — C'est ce qu'avec M. Vulpian, on pourrait appeler la mycétémie expérimentale.

J'arrive à la relation de mes expériences.

1° CULTURE DES MICROPHYTES DES FAUSSÉS MEMBRANES

Le mardi 22 juillet, à 10 heures, mourait, au n° 29, de la salle Sainte-Geneviève, une enfant de 12 ans, qui, après quelques jours d'angine couenneuse, avait été prise de croup ; les accidents avaient eu des allures très rapides, et la mort était survenue, malgré la trachéotomie, 60 heures après le début de la laryngite diphthéritique.

A 11 heures, je détachai avec précaution, sur les amygdales et la luette, des lambeaux membraneux, et immédiatement, je les lavai dans l'eau distillée récemment bouillie, que j'avais laissé refroidir jusqu'à une température de 39°c.

Les lambeaux furent ensuite déposés avec quelques gouttes d'eau distillée (soumise peu d'instants auparavant à l'ébullition et tenue dans un tube fermé), entre deux verres de montre lavés à l'eau et à l'alcool.

Les deux verres sont accolés l'un à l'autre et maintenus en contact au moyen d'une solution de cire à cacheter dans l'alcool étendue au pinceau sur les bords. Deux chambres humides semblables sont ainsi disposées, puis placées dans un endroit obscur (la température variant entre 20° et 28°c.)

Chambre humide, n° 1.

Le 26 juillet, une zône diaphane opaline entoure la fausse membrane.

28. — La zône blanchâtre un peu nacrée n'a pas grandi...

L'eau accumulée à la partie déclive de la chambre humide, est troublée par de très petits grains blancs.

Les deux verres sont détachés pour examiner le liquide.

Il renferme un nombre énorme de spores (analogues à celles

1. Allgm. med. Centralzeitung, 1870.

du muguet, mais non semblables aux spores figurées par Letzerich), sans mycélium. On distingue aussi quelques bactéries.

Les spores, au lieu de nager dans le liquide qui est moins abondant, sont accumulées en amas serré à la surface de la fausse membrane; les couches profondes n'en renferment presque pas.

Les spores recueillies par le lavage des fausses membranes dans une très petite quantité d'eau distillée sont déposées avec les mêmes précautions que précédemment sur des grains de tapioca gonflés par une ébullition prolongée dans quelques gouttes d'eau distillée et deux nouvelles chambres humides sont fermées.

En même temps, et comme point de comparaison, j'avais fait un semis de spores de penicillum glaucum sur du pain humide.

La germination fut beaucoup plus rapide; en dix jours s'était produit un riche réseau de mycélium qui sur quelques points présentait des filaments fertiles.

Enfin, un verre de montre, contenant des lambeaux organisés (petits vaisseaux) au sein de quelques gouttes d'eau, fut abandonné à l'air libre. Il s'y développa de nombreuses bactéries et en même temps des spores d'un jaune brun plus petites que dans les chambres à fausses membranes, sans mycélium ni extrémités fertiles qui puissent les faire distinguer.

Le mycélium avait commencé à se développer dans un autre verre de montre (mêmes conditions que le précédent), mais sans qu'on pût avec certitude déterminer le genre de mycrophyte.

Au mois de septembre, je refis un nouvel essai de culture du champignon supposé des fausses membranes diphthéritiques.

Je disposai avec les mêmes soins que la première fois, dans une petite chambre humide, quelques petits lambeaux membraneux détachés des amygdales d'un enfant couché au n° 4 de la salle Saint-Louis et atteint d'angine couenneuse avec croup. Les particules couenneuses imbibées d'eau distillée furent accolées au verre supérieur, et le tout placé dans un lieu obscur.

Le 9, la gouttelette d'eau adhérente aux lambeaux membraneux est devenue opaline. Elle contient de nombreuses spores ovoïdes isolées ou groupées, très brillantes, à bords nets, réfringents; elles ont une coloration jaune pâle.

2° INOCULATION DES SPORES OBTENUES DANS L'EXPÉRIENCE PRÉCÉ-
DENTE. (INOCULATION FAITE COMPARATIVEMENT AVEC DES
SPORES DE PENICILLUM GLAUCUM).

Le 29 juillet, dans l'après-midi (à deux heures), je fais, sur
deux jeunes lapins, vigoureux, aussi semblables que possible,
une expérience comparative avec des spores de penicillum et
avec les spores déposées la veille à la surface des grains de
tapioca gonflés par ébullition.

Après avoir rasé les poils dans une certaine étendue de la
région thoracique, je fais tomber de l'eau bouillante sur la peau
et j'enlève rapidement par un frottement rude l'épiderme qui se
détache dans une zone de 3 centimètres de diamètre environ.

Sur le derme mis à nu est étalée avec une spatule la masse
molle de tapioca imprégnée de spores, puis un verre de montre
enduit à sa circonférence de solution de cire à cacheter dans
l'alcool, est appliqué sur la surface d'inoculation et maintenu
au moyen d'une lame de taffetas gommé et d'une bande, formant ainsi une sorte de chambre humide sur la peau.

Quelques gouttes de liquide chargé de spores est introduit
dans la narine gauche, dans le cul-de-sac inférieur de la conjonctive gauche, à l'entrée du prépuce.

Les mêmes dispositions sont prises pour l'autre lapin.

Voici l'observation de l'un et de l'autre :

1° Lapin inoculé avec les spores développées sur les fausses
membranes :

La température rectale est depuis plusieurs jours de 39°.
29 juillet.— Inoculation à 2 h.; — à 7 h. 1/2, 39°9.
30. — 7 h. matin, 40°1. L'animal est blotti dans un coin et
n'a pas sa vivacité accoutumée.
La narine et la conjonctive sont parfaitement saines.
L'orifice du prépuce est d'un rouge vif bien différent de l'apparence qu'il présentait hier.
Sur le milieu de la surface dénudée, qui est pâle, blafarde,
est un îlot grisâtre gros comme une tête d'épingle.
31 juillet.— 7 h., 38°5 ; — 1 h., 40°.

Aucune lésion nouvelle ; la rougeur vive des parties génitales a disparu.

1er août. — 1 h., 39°8. L'animal paraît amaigri. La plaie est pâle ; il semble y avoir une mortification superficielle ; elle est couverte de pus demi-concret en petits dépôts pultacés constitués par un détritus granuleux renfermant des spores très rares.

Le *sang* renferme des corpuscules très petits (moitié ou tiers du diamètre d'un globule rouge) animés de mouvements très rapides de rotation.

2 août, 39°7.

3, 39°8.

4, 39°4.

5, 39°2.

6, 39°3.

L'animal est bien portant ; une croûte épaisse recouvre l'escharre dermique.

2° Lapin inoculé avec les spores de penicillum :

Température avant l'expérience, 39°3.

Le *29* soir, 38°9.

30, 7 h. matin, 37°9. Il n'y a aucune altération appréciable des muqueuses pituitaire, conjonctivale, génitale.

1 h., 39°9. L'animal est très vif.

31, 7 h. m., 38° . Aucune lésion appréciable.

1er août, 1 h., 39°8. Le lapin est toujours très vif, mais il maigrit. La plaie est pâle, blafarde ; il semble y avoir gangrène superficielle. Dans les petits amas pultacés qui recouvrent çà et là l'escharre, on trouve des spores abondantes, des bactéries peu abondantes, des corpuscules sphéroïdes animés d'un mouvement brownien et des détritus granuleux.

Le sang ne présente aucune modification notable.

2-6 août. — La température varie entre 39°2 et 39°5.

3° Nouvelle inoculation des spores développées sur les fausses membranes :

Le lapin qui a servi à l'expérience n° 1 et qui est bien remis (sauf l'escharre persistante à la région dorsale) est inoculé par introduction sous la peau des grains de tapioca imprégnés de spores abondantes provenant du même semis que la première fois (chambre humide n° 2).

7 septembre, 39°4.

8, 39°4.

9, 39°5.

Il ne s'est produit aucune modification apparente soit locale, soit générale. Le lapin est tué par section du bulbe.

Le sang renferme de nombreux corpuscules mobiles.

Toute la peau et une partie du tissu cellulaire sous-cutané sont mortifiés au niveau de la cautérisation. De très nombreux corpuscules mobiles, analogues à ceux du sang, s'observent au niveau et au voisinage de l'escharre.

L'autopsie ne fait reconnaître aucune altération viscérale.

Que peut-on conclure de ces expériences ? Les accidents ont eu une intensité plus grande chez le lapin inoculé avec les spores provenant des fausses membranes que chez l'autre. Chez le premier, le sang renfermait au bout de quelques jours des corpuscules mobiles qui n'existaient pas chez le second. Mais cette altération du sang se rencontre chez le lapin dans bien des cas de septicémie expérimentale non spécifique. D'autre part, les muqueuses au niveau desquelles avaient été déposées les spores n'ont présenté aucune altération importante. En un mot, l'inoculation a provoqué des accidents septicémiques sans caractère spécial ; les spores n'ont pas reproduit la diphthérie.

L'examen microscopique du sang, ai-je dit, a montré chez le lapin inoculé n° 1 (exp. 1 et 3) l'existence de très petits corpuscules brillants, se mouvant avec rapidité, changeant de forme à chaque instant et se rapportant assez exactement aux descriptions de Senator, moins évidemment analogues aux petits organismes observés par Classen, par Hallier, par Tommasi et Hueter.

Des corpuscules semblables existent, souvent en grand nombre, dans le sang des enfants atteints d'angine couenneuse ou de croup. Je vais rapporter sommairement les observations que j'ai faites à cet égard. (Le sang obtenu par une piqûre faite à la pulpe d'un doigt préalablement lavé a été examiné immédiatement (mic. Verick, obj. VI, ocul. 3, tube tiré).

1. N° 30 St-Louis (juillet). Angine couenneuse et croup. Deux examens du sang à deux jours de distance.

1er examen : Le sang ne renferme pas de leucocytes en excès, mais on observe d'assez nombreuses plaques pâles à contour irrégulier constituées par des granulations peu réfringentes, rapprochées les unes des autres.

2e examen : Avec les plaques pâles coexistent de nombreux corpuscules jaunâtres très-petits, brillants et mobiles.

2. N° 1 St-Jean (juillet). Croup. Leucocytose évidente. Le sang renferme un grand nombre de corpuscules arrondis ou ovalaires, se mouvant avec une rapidité extrême et changeant de forme à tout instant.

3. N° 11 Ste-Geneviève. Diphthérie cutanée. Corpuscules semblables en petit nombre.

4. Ste-Catherine 3 Angine couenneuse de gravité moyenne. Nombreux amas de corpuscules ovalaires incolores, réfringents, réunis en masses de forme irrégulière, où les contours de chacun sont peu distincts, et nombreux corpuscules isolés soit immobiles, soit animés d'un mouvement rapide et changeant sans cesse de forme.

5. 9 Ste-Geneviève. Croup (trachéotomie le 13 août.) Grandes plaques pâles formées par la réunion d'innombrables corpuscules ovalaires dont les contours sont mal accusés.

6. 28 St-Louis, août. Leucocytes assez abondants. Pas de corpuscules mobiles.

7. 3 Ste-Catherine, 29 août. Leucocytes. Pas de corpuscules mobiles ; petits corps ovoïdes groupés, mais ne formant pas de larges plaques.

8. 4 St-Louis, 2 sept. Croup. Assez nombreux corpuscules ovoïdes à contours nets, immobiles, rapprochés quelquefois, mais non groupés en plaques. Quelques plaques granuleuses, pâles, irrégulières.

9. St-Jean, 2 sept. Croup. Peut-être un léger degré de leucocytose.

10. 9 St-Louis. Angine couenneuse et croup chez un enfant très affaibli (maladie de Bright, pemphigus et purpura cachectiques ; guérison). Leucocytose considérable. Grand nombre de corpuscules ovalaires ou sphéroïdes assez brillants, nettement distincts les uns des autres, immobiles.

11. 22 Ste-Geneviève. Croup. Pas de leucocytose évidente. Beaucoup de globules rouges paraissent avoir des dimensions anormalement petites.

Corpuscules mobiles en nombre très considérable. Les mouvements sont extrêmement rapides ; ils sont indépendants des courants et se poursuivent longtemps après que ceux-ci ont cessé ; ils se font brusquement sans direction déterminée. Il s'y joint une sorte de rotation autour du centre avec déformations incessantes. Ce sont des corpuscules à contours très accusés, très nets, colorés pour la plupart (couleur rougeâtre comme certains cristaux d'hématoïdine, les plus pâles); leur forme est ovoïde ou elliptique, jamais ils ne prennent la forme allongée en bâtonnets des bactéries.

Pas de plaques pâles granuleuses.

12. Ste-Geneviève 18, 14 décembre. Stomatite et glossite diphthéritiques, coryza (diphth. rubéolique).

Pas de leucocytose notable ; pas de corpuscules mobiles.

Nombreuses plaques formées par la réunion de certains corpuscules assez brillants, incolores, ovalaires à contours assez distincts.

Semblables corpuscules isolés en grand nombre ; d'autres sont groupés en séries linéaires, en chapelets. Ils sont plus distincts que dans les plaques.

13. Ste-Luce. Angine couenneuse toxique. Leucocytose évidente. Nombre considérable de corpuscules incolores ovalaires à contours peu brillants, isolés ou réunis soit en petites séries (chapelets), soit en plaques dans lesquelles les contours de chacun sont moins nets.

Pas de corpuscules colorés ou mobiles.

2e *examen* : Même résultat.

14. St-Louis 9. Gangrène de la bouche (diphthérie ultime peu de jours après).

Leucocytose peu manifeste. Pas de plaques de corpuscules groupés. Corpuscules colorés mobiles en petit nombre. Quelques autres incolores immobiles.

15. St-Louis 2. Stomatite diphthéro-gangréneuse. Leucocytose. Quelques corpuscules isolés, immobiles.

16. — Saint-Louis, 23. Stomatite ulcéreuse, coryza (diphthéritiques ?) consécutifs à la rougeole.

Leucocytose notable. Quelques rares corpuscules immobiles groupés par 5 ou 6, ou isolés.

17. — Saint-Louis, 1. Stomatite, coryza, angine, avec simple enduit blanchâtre (diphthérie douteuse), consécutifs à la rougeole.

Pas de corpuscules mobiles. Corps immobiles isolés, groupés en séries linéaires, ou réunis en plaques, à contour ovalaire, assez distincts surtout aux bords des plaques,

En résumé, on observe dans le sang des sujets atteints d'affections diphtéritiques, deux ordres d'altérations :

1° Une leucocytose plus ou moins évidente (je n'ai noté que les cas dans lesquels l'augmentation du nombre des globules blancs était manifeste sans numération). Cette altération du sang a déjà été signalée par M. Bouchut.

2° La présence des corpuscules ou de masses figurées qui n'existent pas normalement dans le sang.

Les corpuscules ovoïdes d'un très petit volume, à bords très nets, brillants, incolores ou d'un rouge pâle, sont tantôt isolés, tantôt groupés.

Les corpuscules isolés sont parfois immobiles, souvent ils sont animés de mouvements très rapides. Ces mouvements sont de deux ordres, mouvements de rotation et de translation. Les premiers sont presque incessants, les seconds moins continus ; ces derniers ont une brusquerie, une vitesse extrême ; ils se font par sortes de saccades dans des directions imprévues, souvent contre le sens des courants qui entraînent les globules sanguins, toujours avec une rapidité beaucoup plus grande que celles dont sont animés ces courants.

En même temps, ces petits corps, je dirais volontiers ces petits organismes, subissent des déformations incessantes qui s'accusent très nettement en raison de la réfringence de la substance dont ils sont formés.

Les corpuscules groupés sont réunis soit en séries linéaires moniliformes composées en général d'un petit nombre d'articles, soit en petits amas de 5, 6 ou beaucoup plus. Alors les contours de chaque élément perdent leur netteté, surtout au milieu de la masse qu'ils constituent par leur groupement.

Quant aux plaques granuleuses qu'on observe parfois, elles sont très pâles ; elles se montrent trop immédiatement après qu'on a déposé la gouttelette sanguine pour qu'on soit en droit de les considérer comme des coagula de fibrine.

La question qu'il serait fort important de résoudre, mais qui reste douteuse, c'est celle de la spécificité de ces corpuscules mobiles ou non. Il est incontestable qu'ils paraissent plus fréquents dans les diphthéries graves, qu'ils font défaut dans un nombre de cas fort restreint de diphthérie confirmée, qu'on n'observe rien de semblable dans la plupart des examens de sang qu'on peut faire chez des sujets sains ou atteints d'affections légères. Mais dans les fièvres graves, on trouve des apparences semblables, et il faut des études nouvelles pour affirmer des différences difficiles à saisir.

Depuis Bretonneau, plusieurs expérimentateurs ont essayé, sans succès le plus souvent, d'inoculer la diphthérie aux animaux en appliquant sur les muqueuses saines ou dénudées de leur épithélium des fausses membranes. Quelques-uns ont tenté l'expérience sur eux-mêmes.

« J'ai fait, dit *Bretonneau* [1], des tentatives inutiles pour communiquer la diphthérie à des animaux. » Le même résultat négatif s'est reproduit dans presque tous les cas cités.

Harley [2] fit quatre inoculations qui furent toutes négatives. On peut reprocher à cet expérimentateur d'avoir sacrifié trop tôt les animaux en observation (2 furent tués 24 heures, et 2 quatre jours après l'inoculation) ; il n'est pas impossible que, dans un délai plus éloigné, la lésion locale et les accidents généraux se fussent manifestés.

Tommasi et *Hueter* [3], pratiquèrent cinq inoculations sur des lapins avec des fausses membranes trachéales (rejetées par expectoration) ou pharyngées (détachées avec la pince). Ces membranes étaient remplies des petits organismes que Hueter a signalés, le sang des animaux n'en contenait pas avant l'inoculation.

Les lambeaux couenneux furent inoculés dans les masses musculaires du dos. Les lapins moururent de 20 à 40 heures après l'inoculation. Pendant la vie, le sang renfermait en grand nombre des corpuscules mobiles semblables à ceux qui fourmillaient au lieu d'inoculation.

---

1. De la diphthérie, p. 85.
2. Journ. F. Kinderkrankh, 1861, et *Falke* : Principien der vergleichenden Pathologie. Erlang, 1860.
3. Centralblatt, 1868, p. 531.

Les fausses membranes inoculées avaient disparu plus ou moins, et les muscles étaient le siége d'une inflammation diphthéritique caractéristique « très différente de l'inflammation que déterminent les substances putrides ; les viscères ne présentaient aucune lésion septicémique. »

Une inoculation pratiquée avec les muscles en état d'inflammation diphthéritique, détermina la mort d'un lapin en 30 heures. L'autopsie donna des résultats identiques aux précédents.

Une série de recherches que les auteurs eux-mêmes ne font qu'indiquer très sommairement, les a conduits en dernier lieu à regarder la diphthérie, non comme une maladie spécifique à proprement parler, mais comme la conséquence de l'action sur l'organisme de substances albumineuses en voie d'altération putride. A une certaine période de cette altération, les liquides albumineux détermineraient, suivant Tommasi et Hueter, non des phénomènes d'infection putride, mais des lésions diphthériques.

La conclusion qui, évidemment, paraît devoir être tirée de ces expériences, c'est que Tommasi et Hueter ont, en réalité, provoqué des accidents de septicémie expérimentale et n'ont pas inoculé la diphthérie, maladie spécifique au premier chef.

Rien ne rappelle, en effet, la diphthérie dans les accidents ou lésions provoqués par les inoculations ; car nous ne croyons pas possible de distinguer une inflammation diphthérique des muscles de celle que produit un traumatisme ou une irritation quelconque. Tommasi et Hueter se bornent d'ailleurs à affirmer que cette altération est caractéristique sans donner de description précise [1].

L'absence de lésions septicémiques n'a rien qui doive sur-

---

1. Peut-être les auteurs font-ils allusion à l'altération diphthéritique décrite par Ortel. Senator s'est efforcé de démontrer que cette lésion n'a rien de spécial.

prendre chez des animaux qui meurent dans le court délai de 20 à 40 heures.

Enfin, on ne doit pas affirmer l'inoculation de la diphthérie en se fondant sur la présence dans le sang de corpuscules mobiles semblables à ceux que contenaient les fausses membranes. J'ai dit la fréquence de ces organismes microscopiques dans le fluide sanguin à la suite des inoculations quelconques, et l'histoire des mycrozymas en général est trop peu avancée pour qu'on en puisse avec certitude distinguer les espèces.

Dans mes expériences, les accidents provoqués ont été de même des phénomènes de septicémie non spécifique : elles ne permettent pas d'admettre jusqu'à présent la transmission par inoculation de la diphthérie.

Expérience n° 4.

2 septembre 1873. — Injection dans le tissu cellulaire sous cutané du dos d'un lapin de 1,5 cent. cube de sang fluide, recueilli quelques minutes auparavant pendant la trachéotomie, sur un enfant atteint de croup. (Ce sang renfermait des globules blancs en excès, et de rares plaques granuleuses, pâles à contours mal définis, enfin quelques rares corpuscules immobiles, isolés ou groupés).

En même temps, j'introduis sous la peau du dos un fragment de caillot sanguin du même enfant.

Il ne se produit aucun trouble notable ; le sang ne présente pas de corpuscules étrangers.

Expérience n° 5.

6 août 1873. — Introduction sous la peau du dos d'un lapin bien portant, d'un petit caillot riche en corpuscules mobiles provenant d'un enfant qui vient d'être opéré de trachéotomie.

Deux heures plus tard, le sang du lapin, dans lequel, très peu de jours auparavant, j'avais constaté l'absence de corpuscules étrangers, en contient en grand nombre. Ce sont des grains ovoïdes, très mobiles, changeant de forme et réellement comparables à ceux qu'on trouve dans le sang des sujets atteints de diphthérie.

Il n'y a pas de fièvre traumatique notable :

6 août,	39°4
7	39°5
8	39°2

Quelques jours plus tard, le sang ne renfermait plus aucun corpuscule étranger.

Expérience n° 6.

23 octobre 1873. — Après avoir rasé une certaine étendue de la peau du dos, j'y applique une compresse imbibée d'ammoniaque ; l'épiderme soulevé au bout de quelques instants est détaché par une friction rude ; le derme mis à nu est lavé et couvert de lambeaux détachés à la surface d'un vésicatoire envahi par la diphthérie cutanée.

Dans deux petites plaies, je fais pénétrer quelques gouttes de sang qui se sont écoulées de la même surface, et quelques petits lambeaux pseudo-membraneux imbibés de sang.

Le tout est recouvert d'un verre de montre, dont la circonférence adhère à la peau au moyen d'un enduit d'emplâtre diachylum ramolli.

La température rectale avant l'opération est de 38°9.

Le 24, à 10 heures, matin. — Le lapin est très accablé, il traîne péniblement le train de derrière ; il paraît amaigri. La fièvre est intense (41°).

La surface traumatique est d'un blanc mat, mortifiée superficiellement ; les petits lambeaux membraneux n'y adhèrent plus.

$$
\begin{array}{ll}
2 \text{ heures}, & 41°3 \\
4 & 40°6
\end{array}
$$

L'animal est plus alerte ; le train de derrière est moins paresseux.

$$
\begin{array}{ll}
Le\ 25.\ — 10 \text{ heures}, & 36°4 \\
4 & 36°3 \\
5 & \text{Mort.}
\end{array}
$$

Autopsie. — Epanchement de sérosité sanguinolente dans le péritoine, dans les plèvres. Infiltration sanguine diffuse du tissu cellulaire du médiastin.

Cœur. — Caillot passif très mou. Endocarde rougi par imbibition.

Poumon. — Infiltration sanguine disséminée surtout aux bases, superficielle.

Foie, rate, reins. — Congestion assez intense.

Intestin. — Pas de lésion notable. Pas d'ulcération duodénale.

Dans cette expérience, il me paraît difficile de déterminer quelle part il convient d'attribuer dans la production des accidents si rapidement mortels à la cautérisation d'une portion circonscrite de la peau (bien supportée dans les expériences 1 et 2) et à l'inoculation. Du moins les troubles pathologiques et les lésions n'ont-ils rien de spécial, rien qui se rapporte à la diphthérie en particulier.

Dans l'expérience suivante, l'inoculation du sang d'un enfant atteint de croup, détermine encore des phénomènes fébriles, mais aucun accident de caractère spécifique.

Expérience n° 7.

24 octobre, à 10 heures. — Lapin vigoureux; température rectale avant l'expérience, 39o.

J'introduis dans une plaie des téguments de la région dorsale du sang à demi-coagulé, que je viens de recueillir pendant une trachéotomie. (Ce sang ne renferme pas de corpuscules mobiles).

	4 heures, soir,	39o2		
Le 25, matin, 10		40o4	soir,	40o
26,		40o		39o8
27,		39o4		39o6

Il n'y a aucune lésion locale. Le lapin maigrit; il n'a pas de diarrhée.

28,	40o4	40o3

Même état satisfaisant de la plaie; aucune lésion des diverses muqueuses visibles.

29,	40o2

L'animal reprend rapidement de l'embonpoint.

Ne réussissant pas à produire des accidents bien caractérisés de diphthérie par des inoculations isolées, j'ai répété, dans l'expérience suivante, les inoculations, en modifiant le mode d'introduction des produits morbides (sang et fausses membranes).

Expérience n° 8.

Le lapin est celui qui a servi à l'expérience précédente. Il est très vigoureux, très vif. Le sang ne renferme aucun corpuscule mobile. Temp. 39o2.

4 décembre. — La *1re inoculation* est faite avec le sang d'un enfant atteint de croup.

Ce sang ne présente pas de leucocytose appréciable, mais il renferme beaucoup de globulins et de petits corpuscules, brillants, réfringents, à contours nets, de forme irrégulièrement ovoïde très changeante.

Le sang est introduit dans une petite plaie faite à la peau du dos.

5 déc., 40°8.

6, 40°6. La plaie est sèche, recouverte d'une croûte, sans inflammation périphérique.

7, 40°8. *2e inoculation.* Introduction sous la peau de fragments de caillots mous et de sérum du sang d'une enfant qui vient de mourir pendant la trachéotomie. (*V.* Altér. micr. du sang, note 11. 22 Ste-Genev. — Corpuscules mobiles.)

Je cautérise au crayon de nitrate d'argent les deux conjonctives palpébrales et la membrane clignotante de l'œil gauche du lapin.

8, 40°6. Conjonctivite intense de l'œil gauche, escharres sur la conjonctive des deux paupières avec chémosis autour des escharres. L'œil droit est sain.

3e inoculation. Introduction dans les culs-de-sac conjonctivaux à droite et à gauche de lambeaux membraneux détachés quelques instants auparavant sur la conjonctive palpébrale d'une petite fille atteinte de diphthérie rubéolique.

9 déc., 40°6. *4° inoculation.* Fausses membranes de même origine que la veille.

L'œil droit reste sain; l'œil gauche est très tuméfié; la cornée est opaline; l'iris présente des petits dépôts purulents.

On voit, sur les portions de la conjonctive qui sont le siége du chémosis, des lambeaux opaques membraniformes qui ne sont en réalité que du pus concret.

10 déc., 40°. Le lapin maigrit beaucoup. La kératite fait des progrès, il s'est produit un hypopion : paracentèse oculaire.

Des grumeaux adhérents membraniformes recouvrent les portions chémosiques de la conjonctive; mais ce ne sont pas des fausses membranes diphthéritiques.

11, 40°8. Même état général et local.

13, 40°2. L'amaigrissement fait des progrès. Diarrhée.

Les escharres conjonctivales se détachent; le chémosis diminue. Il n'y a pas trace de fausses membranes. L'œil droit reste sain.

14, 39°6. L'animal maigrit beaucoup; il a de la diarrhée, perd son poil.

La cornée gauche est ramollie, ulcérée.

Le sang ne présente au microscope aucune espèce d'altération.

16, 40o2.

18, 39o6. Le lapin reprend; il a moins de diarrhée ; la maigreur est moins prononcée.

Aucune lésion diphthéritique.

19.— Etat général meilleur. Pas de diarrhée. Même état de l'œil sans diphthérie.

Au niveau de l'une des inoculations, une croûte s'est détachée laissant à nu une surface déprimée ulcéreuse à fond gris, d'aspect gangréneux, à bords d'un blanc grisâtre, ayant quelque analogie avec l'altération diphthéroïde des plaies.

Tout autour, les poils tombent et le derme est mortifié ; le tissu cellulaire sous-jacent est lui-même sphacélé dans une certaine étendue ; il est infiltré de pus concret fétide.

(Les plaies sont abandonnées à l'air pour que le lapin puisse les lécher.)

21. — Les plaies se sont desséchées à la surface. Une croûte formée dans le voisinage est détachée ; elle recouvre une surface ulcéro-gangréneuse.

23, 39o6. Une nouvelle croûte s'est formée à la surface des ulcérations dont les bords amincis sont décollés. Il n'y a cependant pas de diphthérie cutanée à proprement parler. Un pus épais infiltre le tissu cellulaire sous-cutané tout autour des ulcérations.

L'œil est en beaucoup meilleur état ; il se forme un pannus vasculaire.

Une petite ulcération s'est produite sur la joue à l'endroit où s'écoulent les liquides sécrétés par la conjonctive.

25, 39o5. L'embonpoint fait des progrès.

27, 39o4. L'ulcération grandit encore. Autour d'une croûte sèche sonore d'un brun foncé, la peau, amincie et décollée, forme un relief mollasse qui enchâsse la croûte. Dans une certaine étendue, au voisinage, l'épiderme desquame et les poils tombent.

Le sang ne renferme pas de parasites non plus que le pus de l'ulcération.

1874, 7 janvier. — L'ulcération a cessé de grandir. Elle est recouverte d'une croûte brune, épaisse, inégale, sonore.

Etat général bon sauf un peu de diarrhée.

13.— La peau enchâsse la croûte comme dans les syphilides ulcéreuses. Un petit abcès contenant du pus fétide s'est formé au voisinage de l'ulcération.

L'état général est excellent.

L'œil est complètement cicatrisé ; la cornée est en partie opaque.

La guérison est complète peu de jours plus tard.

Cette longue observation me paraît intéressante à plus d'un titre. D'abord, il ne s'est pas produit de lésions manifestement diphthéritiques, bien que les inoculations aient été répétées au point de saturer en quelque sorte l'organisme. Il n'y a même pas eu cette apparence d'infection qui se traduit par l'apparition dans le sang de corpuscules étrangers à la composition normale du fluide nourricier. Les accidents ont consisté essentiellement en phénomènes généraux de septicémie (fièvre, diarrhée, amaigrissement) et en lésions locales (ulcère gangréneux).

J'avais pris soin de tenter l'inoculation sur le point qui me semblait le plus propice en raison des analogies de structure anatomique entre la muqueuse sur laquelle s'était développée la fausse membrane et celle sur laquelle celle-ci était déposée. J'avais essayé, en provoquant préalablement une inflammation intense de la conjonctive, de favoriser les manifestations spécifiques. Le résultat de l'expérience a été négatif.

Il y aurait intérêt, je pense, à renouveler les expériences dans la même voie et à déposer sur des muqueuses enflammées ou privées d'épithélium des fausses membranes provenant de muqueuses similaires, après avoir provoqué, par des inoculations de sang riche en corpuscules mobiles, l'apparition de ces microzymas dans le sang de l'animal en expérience. Peut-être arriverait-on, soit chez le lapin, soit chez d'autres animaux, à provoquer la diphthérie expérimentale, que jusqu'ici personne n'a, d'une façon incontestable, fait naître et étudiée.

Les essais tentés par Trousseau et M. Peter sur eux-mêmes conduisent à rejeter à la vérité l'hypothèse d'un virus diphthérique déterminant fatalement l'infection lorsqu'il pénètre à petite dose dans l'économie, comme les virus vaccinal, variolique, syphilitique ; mais elles ne suffisent pas pour démontrer d'une manière absolue que la diphthérie n'est pas transmissible par voie d'inoculation.

De ces expériences, les unes ont consisté simplement à badigeonner la gorge avec un pinceau chargé de lambeaux couenneux. La critique de ces faits a été formulée, il y a quinze ans,

à la Société médicale des hôpitaux par M. Cahen [1] : « Pour
« inoculer, il faut ou introduire le virus dans le tissu cellulaire
« sous-cutané, ou l'appliquer sur la peau ou sur une muqueuse
« dénudée ou ulcérée, sinon il y aura contact, il n'y aura pas
« inoculation. »

La même critique s'applique à l'interprétation des cas nombreux dans lesquels des médecins ont reçu dans les yeux, les
narines, la bouche, des fragments de fausses membranes sans
subir la contagion.

Bien autre est la valeur des expériences qui consistent à faire
sur la peau, les lèvres ou les amygdales des scarifications avec
la lancette imprégnée des mucosités qui suintent des surfaces
diphthériques. Comme les précédentes, elles sont restées
négatives.

Guersant, dans le dictionnaire en XXX volumes, puis MM.
Bergeron, *Sée*, à la Société médicale des hôpitaux, ont cité plusieurs faits tendant à démontrer la transmission de la diphthérie
par contact direct ; je ne reviendrai pas sur ces observations
célèbres qui ont été soumises à un examen rigoureux par plusieurs membres de la Société des hôpitaux, par M. *Roger* en
particulier.

La plupart de ces cas tombent d'ailleurs sous le coup d'une
objection générale : les sujets, qui sont supposés avoir contracté le mal par contact direct, étaient dans toutes les conditions de la contagion à distance, et, pour tous ceux du moins
chez qui la lésion ne s'est pas développée primitivement au point
contaminé, il est permis de mettre en doute la transmission par
inoculation.

Je fais allusion ici aux cas si souvent cités de *Herpin* et de
Gendron, aux deux observations de M. *Bergeron*.

Rien n'est plus douteux que l'interprétation proposée par
Guersant pour le cas de cet enfant (du collége de la Flèche) qui
aurait contracté des escharres membraneuses entre les orteils

1 Soc. méd. des hôpitaux 1859, et Union méd. 1859, p. 101-107, etc.

pour avoir marché pieds nus sur le sol souillé par les crachats d'un petit malade atteint d'angine couenneuse.

La contagion ne peut-elle à la rigueur rendre compte du fait rapporté par M. Sée? Une femme allaite un enfant étranger qui a de la diphthérie de la gorge ; le mamelon reste intact et cependant, suivant l'interprétation proposée par M. Sée, la mère transmet la diphthérie à son propre enfant (diphth. labiale), et elle-même, en embrassant son enfant, contracte secondairement des fausses membranes aux lèvres.

M. Trousseau a rapporté le fait beaucoup plus probant d'une nourrice chez qui la diphthérie se serait développée au mamelon, son nourrisson ayant une angine couenneuse.

Les nombreuses circonstances dans lesquelles on voit une plaie devenir, chez un sujet exposé à la contagion, le siége de manifestations diphthéritiques, enlèvent, à la vérité, une partie de l'importance qui semble d'abord devoir être accordée à l'observation de Paterson (d'Aberdeen) [1] ; ce fait n'en reste pas moins l'un des plus intéressants qui aient été publiés relativement à la question qni nous occupe ; en voici l'abrégé :

OBSERVATION *(traduction abrégée)*.

Cas de diphthérie par inoculation se montrant sur une plaie, sans lésion concomitante de la gorge, et suivie de paralysie.

John A., fermier, âgé de 43 ans, perd en trois semaines trois enfants du croup. Il soignait le dernier lorsque, sans se préoccuper d'une coupure récente, il porta le doigt dans la bouche du petit malade. La plaie de l'index, jusque-là indolente, commença aussitôt à s'enflammer et devint très douloureuse. Quinze jours après l'inoculation présumée, il existait une ulcération diphthérique qui d'ailleurs guérit en huit jours ; la gorge resta saine.

Un mois plus tard, et comme pour affirmer la nature spécifique du mal, survint une paralysie qui successivement envahit les quatre membres, sans qu'il y ait eu jamais aucun trouble de la déglutition. En quatre mois la guérison fut complète.

1 Medical Times and Gazette, déc. 1866.

Après cet examen des faits qui laisse le problème encore indécis, j'ajouterai un argument qui, sans être absolument péremptoire, a néanmoins une certaine valeur.

Rien dans les faits que j'ai observés ne pouvait faire admettre comme mode étiologique une transmission directe par contact, mais l'évolution des lésions diphthéritiques chez l'individu infecté semble parfois indiquer une auto-inoculation probable.

Voici par exemple ce que l'on voit assez souvent se produire quand la diphthérie n'a pas une marche très rapide :

Une première fausse membrane se développe à la face interne de l'une des tousilles ; peu après on voit paraître, sur la partie latérale de la luette qui répond au côté malade et au point même qui est en contact avec le dépôt couenneux de l'amygdale tuméfiée, une plaque que sépare de la première toute la moitié du voile du palais restée indemne[1]. Ne se passe-t-il pas là quelque chose de comparable à l'auto-inoculation des chancres mous sur les surfaces contiguës du gland et du prépuce ?

Dans les observations suivantes, il paraît y avoir eu inoculation de la lésion locale des lèvres au doigt.

OBSERVATION X.

Scarlatine. — Rougeole. — Diphthérie cachectique des lèvres et d'un doigt. (Inoculation par contact ?)

Rob.., 2 ans (St-Louis 32), amené à l'hôpital dans les premiers jours d'avril pour une stomatite ulcéro-membraneuse, ne tarda pas à contracter la scarlatine et bientôt la rougeole.

Le 3 mai, au moment où l'exanthème rubéolique venait à peine de disparaître, on remarqua une petite ulcération pulpeuse grisâtre de la commissure labiale gauche. Le lendemain, l'enfant avait du coryza avec jetage, sans angine couenneuse.

Le 21 mai, la petite plaque grise existait toujours, et de plus on voyait à l'index droit (que l'enfant tenait constamment dans sa bouche et qui était comme macéré par l'humidité), au pli phalangien supérieur, une ulcération peu profonde, grisâtre, d'ap-

---

1 C'est ce qui se produisit par exemple d'une manière très évidente chez une enfant de 3 ans (Rang., J., 14 Ste-Geneviève, mai 1873), et chez un petit garçon qui entra le 14 octobre à la salle St-Louis 20.

parence diphthéritique. Peu à peu. la petite plaie grandit, se creuse et met à découvert les tendons des fléchisseurs et l'enveloppe fibreuse de l'articulation ; elle reste couverte d'une pseudomembrane cohérente d'un blanc grisâtre, peu épaisse, cohérente et non pulpeuse, manifestement diphthérique.

OBSERVATION XI.

Diphthérie rubéolique (pharyngée, linguale, labiale). —
Ulcérations diphthéritiques des doigts.

V.. Ad.., 28 mois, couchée au n° 18 de la salle Ste-Geneviève, est une enfant chétive qui vient d'avoir la rougeole (il y a quinze jours).

On l'amène à l'hôpital le 11 décembre 1873 ; elle tousse, a de la fièvre et présente des lésions diphthéritiques multiples, sur la luette et le pilier antérieur droit, sur la langue, enfin sur les lèvres.

Le 22, les doigts index et annulaire droits, que l'enfant a sans cesse dans la bouche, sont un peu exulcérés au niveau du pli phalangien supérieur.

Le 27, ulcérations pulpeuses aux deux doigts.

28. Toute la face cutanée de la lèvre supérieure est exulcérée, partiellement revêtue d'un enduit mince opaque d'un blanc grisâtre.

A l'index droit, l'ulcération devint de plus en plus profonde, une plaque dipthéritique opaque assez épaisse la recouvre.

Lille, Imp. Lefebvre-Ducrocq.